Adolf Guggenbühl-Craig

Die Ehe ist tot – lang lebe die Ehe!

Adolf Guggenbühl-Craig

Die Ehe ist tot –
lang lebe die Ehe!

Kösel

Lizenzausgabe für die Bundesrepublik Deutschland, Westberlin und Österreich mit Genehmigung der Schweizer Spiegel Verlag AG, Zürich.

© 1990 by Kösel-Verlag GmbH & Co., München
Printed in Germany. Alle Rechte vorbehalten
Druck und Bindung: Kösel, Kempten
Umschlag: Bine Cordes, Weyarn
ISBN 3-466-30008-8
1 2 3 4 5 6   95 94 93 92 91 90

Inhalt

Sir, it is so far from being natural for a man and a woman to live in a state of marriage, that we find all the motives that they have for remaining in that connection, and the restraints which civilized society imposes to prevent separation, are hardly sufficient to keep them together.

Dr. Samuel Johnson, 1709-1784

Vorwort

Der Autor hat mich gebeten, dieses Buch dem Leser vorzustellen. Dies ist mir eine angenehme Aufgabe, denn das Buch ist eine wahre Freude. Nicht nur wegen seines trügerisch einfachen Stils, sondern auch weil es das intimste, das am meisten beladene und den Menschen belastende Thema durchdringt. Merkwürdigerweise genießt die Seele dies, trotz ihres Widerstandes. Sie möchte immer wieder im Intimsten berührt werden, da es zum Erleben unserer Einzigartigkeit verhilft.

Das Buch spricht immer zum einzelnen, und Adolf Guggenbühl-Craigs grundlegende Voraussetzung ist die Universalität der Individuation. Diese Idee nimmt er auf religiöse Art ernst. Er führt sie deshalb bis zu ihrer letzten Konsequenz: in die Sexualität mit ihren normalen Abnormalitäten, in die Ehe mit ihren abnormalen Normalitäten. Umkehrungen dieser Art folgen einander durch das ganze Buch. Extremes wird extrem dargestellt, das heißt einfach, deutlich und direkt. Das Buch befaßt sich ohne Kompromiß mit dem großen modernen Syndrom der Ehe, welche, wie der Autor zeigt, eine archetypische Kraft darstellt, die grundlegender ist als die dem Syndrom eigenen sozialen und persönlichen Probleme. Er befaßt sich mit der archetypischen Grundlage, ohne die persönlichen Unterschiede aus dem Auge zu verlieren. Der Archetyp der Ehe zeigt sich in seiner je *einzelnen* Erscheinung.

»Fools rush in, where angels fear to tread« Narren drängen sich vor, wo Engel sich nicht hinwagen. Der Autor, liebe Leser, führt Sie in Gebiete, die Engel nicht zu betreten wagen; wir spüren nicht nur das Närrische, sondern vor allem das Diabolische am Werk. Der Autor durchschaut in seinem Werk einen geliebten Wert nach dem anderen – Liebe, Bezogenheit, Heiratskonventionen, Scheidung, Individuation, Psychotherapie und Sexualität. Den Diabolismus finden wir sowohl in einer sanften Mißbilligung, einem ernsten Spott als auch in subtilen Unterscheidungen wie zum Beispiel zwischen Wohl und Heil, Fortpflanzung und Sexualität, moralisch akzeptierter Sexualität und sexuellen Phantasien. Unsere als selbstverständlich angenommenen ethischen Positionen werden zertrümmert. Mehr noch: Der Autor stützt sich nicht nur auf die jüdisch-christliche Tradition, in welcher Monotheismus sich in Monogamie spiegelt, sondern er ermöglicht uns auch den Zugang zu den verführerischen Bildern der Mythen und des archetypischen Hintergrundes der Individuation aus der Sicht heidnischer und polytheistischer Kulturen. Ist nicht gerade dies Diabolismus? »Dia-bollein« heißt Dinge auseinanderwerfen oder in zwei Teile zerlegen. Unser Fühlen und Denken ändert sich, wenn man Guggenbühl liest. Mit anderen Worten: Er schreibt psychotherapeutische Bücher und nicht Bücher über Psychotherapie. Man könnte sagen, der Autor besitzt die Fähigkeit des Predigers, unsere seelischen Grundlagen durch seinen eigenen Glauben und seine rhetorische Wucht zu ändern. Gnadenlos wird eine Idee vorangetrieben, durch Nebengassen und Seitenwege, mit Wiederholungen und Vertiefungen, bis daß die überwältigende Kraft die Grundlagen unseres Wertsystems und Glaubens erschüttert.

Aber, liebe Leser, es braucht Mut, den Autor zu begleiten. Obwohl einfach im Stil und vergnüglich durch die konkreten Beobachtungen, ist dies ein kühnes Buch. Dies vor allem deshalb, da auf dem Gebiet der Psychotherapie, vor allem aber, horribile dictu, innerhalb der Jungschen Schule, eine solche Art des Schreibens nicht oft gefunden wird. So zu schreiben, ist zu schwierig. Viel leichter ist es, sich eines Märchens anzunehmen oder eines literarischen Werkes und einige elegante Interpretationen anzubieten, oder einen Fall mit einem fundierten klinischen Kommentar darzustellen, oder mythologische und metaphysische Einsichten, gespickt mit gelehrten Fußnoten, auszuarbeiten. Dies ist alles einfacher und wirkt auch legitimer, als in das Wohn- und Schlafzimmer der Eheleute einzudringen, um dort zu zeigen, wie die Individuation wirkt. Der Autor ist einzigartig unter seinen Kollegen. Er beschäftigt sich mit dem, was am nächsten liegt – Männern und Frauen in ihrem geplagten intimen Leben, wo unser Himmel und unsere Hölle liegt und wo unsere Komplexe und unsere Individuation uns täglich begegnen. Das ist es, was wir alle kennen, und so muß jeder Satz stimmen. Unsere eigenen Erfahrungen in der Sexualität und Ehe sind der Prüfstein jedes Wortes.

Und zum Schluß ist zu sagen, daß vom psychologischen Standpunkt aus der eigentliche Wert dieses Buches nicht etwa die religiöse Sicht ist, welche es prägt, noch die Einfachheit der Darstellung. Die Originalität der Einsichten des Autors, beruhend auf den zahllosen einzigartigen Erfahrungen der psychiatrischen Praxis, sind psychologisch das Wichtige, Einsichten über den Schatten unseres sozialen und erotischen Lebens, unserer Selbsttäuschungen in Ehe und Scheidung, unsere Illusionen über die Individuation. Man liest das Buch mit grimmiger Verlegenheit, der »agenbit of inwit«, wie es James Joyce nennt, dieser Mischung von Freude und Ärger, welche die Selbstreflexion begleitet. Das Buch handelt nicht von Ehe und Sexualität, es handelt von *mir*. Ich denke, fühle, glaube und benehme mich so. Wie wahr ist es, wie närrisch bin ich. Doch wie unendlich wertvoll und bedeutsam ist der Kampf, den ich lebe.

James Hillman

Krieg und Frieden in der Ehe

Als Zeus und Hermes, in sterbliche Hüllen gekleidet, durch die Landschaft Bithynien wanderten, blieben alle Türen verschlossen, und die Gastfreundschaft wurde ihnen in allen Häusern verweigert. Auf dem Abhang der Anhöhe über einer auffallend ungastlichen Stadt fanden sie die bescheidene Hütte von Baukis und Philemon, einem armen, älteren Ehepaar. Hier wurde ihnen die Tür geöffnet, und das alte Paar nahm sie mit großer Freundlichkeit auf. Während der Mahlzeit bemerkten die Gastgeber, *Baukis und Philemon*, daß sich der Wein nicht im geringsten verminderte, sondern auf wundersame Weise in ihrem Krug beständig nachfüllte. Es wurde ihnen bald klar, daß ihre Gäste keine Sterblichen sein konnten, und die beiden Götter gaben sich zu erkennen. Zeus und Hermes führten die Alten auf den höchsten Punkt des Hügels. Hier schauten sie sich um und entdeckten tief unten im Tal, daß die ungastliche Stadt in einem See verschwunden war. Die Hütte des alten Ehepaares indes wurde in einen Tempel verwandelt, und Zeus versprach den beiden jede Gunst, um die sie bitten würden. Baukis und Philemon wünschten sich bloß, den Rest ihres Lebens als priesterliche Hüter des Tempels dienen zu dürfen, und daß am Ende keiner länger zu leben habe als der andere. Zeus erfüllte ihnen den Wunsch, und Baukis und Philemon kümmerten sich um den Tempel, solange sie lebten. Nachdem die beiden gestorben waren, wurde der eine in eine Eiche und der andere in eine Linde verwandelt, die Seite an Seite aufwuchsen.

Die sogenannte *heilige* Familie ist uns aus dem Neuen Testament bekannt. Sie setzt sich aus Maria, Josef und dem Jesuskind zusammen und wird in zahlreichen Legenden beschrieben und in unzähligen Bildern dargestellt. In dieser Familie herrscht immer Friede und Einverständnis. Einmal sieht man Jesus in der Krippe, dann wieder etwas älter auf Marias Schoß oder spielend, während sie ihm glücklich zusieht und Josef daneben steht. Auch äußere Anfeindungen, welche zur vorübergehenden Flucht nach Ägypten führen, vermögen nicht die friedliche Eintracht der heiligen Familie zu stören. Alle Bilder dieser Familie drücken Gottesfurcht, Harmonie und gegenseitige Liebe aus.

Die säkularisierte heilige Familie lacht uns aus populären Ehebüchern oder aus der Reklame für Aussteuern entgegen und dient mitunter zur Belebung des Werbespots im Fernsehen. So schlendern sie, ein glückliches junges Paar, über die blumenbesäte Wiese, und das übermütige Kind tollt mit einem kleinen Hündchen herum; alle Familienmitglieder sind zufrieden, sind glücklich. Ihre Fröhlichkeit ist allerdings *weltlicher* Natur. Sie sind zufrieden, weil sie einander vielleicht besonders gut verstehen oder weil alle ihre Kleider mit dem besonderen Waschmittel gewaschen werden oder weil sie jeden Morgen *das* Birchermüsli essen. Für diese glücklichen Familien gibt es nichts außer Licht, Gemütlichkeit, Freude und liebevolles, gegenseitiges Anlächeln. Sowohl Baukis und Philemon als auch die heilige Familie, die glückliche Familie aus dem Ehebuch, das strahlend zufriedene Ehepaar aus den TV-Spots entsprechen auf ihre Art dem Bild der glücklichen »Ehe«. Wir reden nicht selten von »glücklich Verheirateten« und können oft in Nachrufen lesen, daß sie eine »glückliche Ehe führten«; man wünscht den Jungverheirateten, daß sie ein »glückliches Paar« werden mögen.

Die Arbeit vieler Psychologen und Eheberater wird durch ein etwas differenzierteres Bild einer glücklichen Ehe bestimmt. Neurotische Prozesse können geklärt und »verstopfte« Kommunikations-Kanäle gesäubert werden. Eheprobleme müssen gelöst werden. Die Ehepartner kommen zu einer abgeklärten, reifen Beziehung zueinander. Die neurotische Ehe wird zu einer gesunden; die glückliche Ehe ist das Ziel der Bemühungen des psychologischen Fachmannes.

Seit jeher bestehen allerdings auch andere Bilder des ehelichen Lebens. Hera und Zeus stellten für die Griechen *das* Ehepaar dar. Hera, als Himmelskönigin, ist die Göttin der Ehe und der Geburt. Die Geschichte dieser Götterehe ist indessen alles andere als eine friedliche. Die Eltern waren gegen eine Heirat, doch Zeus schlich sich bei Hera in der Gestalt eines Kuckucks ein, um sie zu verführen. Hera gebar ihm schließlich drei Kinder, wovon das eine der menschenvernichtende Kriegsgott Ares war. Einmal, aus unbekanntem Grund, fesselte Hera Zeus mit Hilfe von Athene und Poseidon, und es mußten Helfer aus dem Tartaros herbeigeholt werden, um ihn zu befreien. Zeus selbst hingegen hängte Hera an ihren Handgelenken am Himmelsgerüst auf und band ihr einen Amboß an die Füße, damit das Hängen ja auch schmerzhaft sei.

Bereits vor seiner Ehe erlebte Zeus ungezählte Liebesabenteuer, die er während seiner Ehe, ohne sich irgendeinen Zwang anzutun, weiter suchte. Dabei blieben weder Sterbliche noch Nymphen noch Götter vor seinen Nachstellungen sicher. Hera rächte sich auf grausamste Art an den vielen Geliebten ihres Gatten und dies, obwohl auch sie nicht gegen alle Angriffe auf ihre Keuschheit gefeit war. Die grausame Natur von Hera, der Göttin der Heirat, soll sich in den folgenden Geschichten zeigen:

Vor seiner Heirat war Zeus mit Leto, der Mutter des Apollon und der Artemis, befreundet. Hera haßte Leto, obwohl deren Verbindung mit Zeus vor seiner Heirat mit Hera lag, und schwur, daß Leto nirgends Ruhe finden sollte. Unter größter Anstrengung vermochte Poseidon ihr Leiden etwas zu mildern.

Zeus war bereits verheiratet mit Hera, als er Jo, die Tochter des Inachos, verführte. Daraufhin verwandelte Hera diese aus Rache in eine Kuh; doch war sie damit noch nicht zufrieden, sondern jagte alsbald eine Bremse, ein riesiges Insekt, auf die Kuh los, die dadurch beinahe zum Wahnsinn getrieben wurde. In aufgebrachter Panik raste die unglücklich Verfolgte durch weite Teile der Welt.

Als Zeus ein Verhältnis mit Kadoms Tochter Semele einging, überredete Hera dieses Mädchen, Zeus zu bitten, sich ihr in seiner ganzen Götterpracht zu zeigen, was für die unwissende Semele den sicheren Tod bedeutete. Einst schlief Zeus mit der Geliebten Aigina, worauf Hera fast alle Einwohner der Insel dieses Namens tötete. Hera zürnte auch dann, als Zeus selbständig kreativ wurde und ohne Hilfe seiner Gattin oder irgendeiner anderen Frau eine Tochter, Athene, zeugte. Aus Rache gebar Hera ein Ungeheuer namens

Typhäon, das zu einem gefährlichen Feind ihres Gatten heranwuchs. Zeus wurde Hera nicht nur mit Frauen untreu, sondern ebensosehr mit jungen Burschen. Ganymed und Phaeneon sollen seine Geliebten gewesen sein.

Die Ehe von Zeus und Hera kann wohl kaum als besonders »glücklich« umschrieben werden. Und doch ist Hera die Göttin der Ehe. Hera und Zeus könnten als streitsüchtige Vorläufer der heiligen Familie bezeichnet werden. Für die alten Griechen symbolisierten sie *die* Ehe.

Das Bild der streiterfüllten Ehe widerspiegelt sich aber nicht nur bei den Göttern, sondern ebenso bei vielen populären Geschichten Sterblicher. Die gespannten Beziehungen von Sokrates zu seiner Frau Xanthippe beispielsweise sind legendär. Es werden viele Geschichten von der streitsüchtigen und aufdringlichen Xanthippe erzählt, aber Sokrates selbst muß wohl trotz seiner Weisheit ein äußerst unangenehmer Ehemann gewesen sein. Wie herzlos er sich gegenüber seiner Frau verhielt, soll die Geschichte seines Todes zeigen: Umgeben von Freunden machte er sich bereit und griff zum Schierlings-Becher, um zu sterben. Seine Frau weinte herzzerbrechend, doch Sokrates bat seine Freunde entschieden, diese »weinerliche Kreatur« wegzuschicken.

Alte und moderne Bilder und Witze über die Ehe stellen dieselbe sehr oft in einer unglücklichen Form dar. So sprechen heute Männer mitunter von ihrer »Alten« oder ihrem »Hausdrachen« usw. Auf zahlreichen zeichnerisch-witzigen Darstellungen finden wir die Ehegattin mit einem Nudelholz und erhobenem Arm hinter der Türe wartend, bis der Ehemann in leicht betrunkenem Zustand vom Stammtisch nach Hause schleicht. Das Thema der Ehefrau, die derart bösartig ist, daß sie nach ihrem Tode nicht einmal der Teufel aufnehmen will, wird in der ganzen Christenheit durch populäre Balladen dargestellt.

Der brutale Ehemann, der seine Frau zusammenschlägt, verschwand eine Zeitlang aus den volkstümlichen Bildern. Durch die Frauenbewegung wurde der prügelnde Ehemann wieder »entdeckt«. Körperlich-aggressive Auseinandersetzungen zwischen Mann und Frau sind viel häufiger, als gemeinhin angenommen wird. Da der Mann meistens stärker ist, sind die Frauen in diesem Kampf oft die Unterlegenen.

Das Bild des langweiligen Ehegatten, der sich abends hinter der Zeitung versteckt, ist sehr verbreitet. In zahlreichen Witzen wird oft auch jener Ehemann dargestellt, der sich schwer daran tut, seinen Blick von anderen Frauen abzuwenden, der die Monogamie als mühseliges Joch erlebt. Auch der gehörnte Ehemann ist eine beliebte Witzfigur.

Ganz auffällig erscheint mir nun aber, daß in diesen besonders negativen verbreiteten Bildern mit Ehemotiven die Ehe selbst nie oder zumindest nur sehr selten in Frage gestellt wird. Dies ist allerdings in vielen modernen Filmen und belletristischen Darstellungen nicht mehr der Fall. In dem Bergman-Film »Szenen einer Ehe« wird dargelegt, daß eine wirkliche menschliche Beziehung innerhalb einer Ehe nicht möglich sei. Die beiden Hauptfiguren in diesem Film können sich erst dann wirklich verstehen, als sie wieder geschieden sind.

Für viele moderne Sozialkritiker ist die Ehe an sich eine heuchlerische, einengende, zerstörerische Institution. Sie kann nur durch Lug und Trug aufrechterhalten werden. Oft wird sie auch als ein Instrument der herrschenden Gesellschaft verstanden, die Menschen zur Unterwürfigkeit und Sklaverei zu konditionieren.

Wir müssen uns deshalb fragen: Ist die Ehe eine sterbende Institution oder gar ein Marterinstrument der Gesellschaft?

Ehe und Familie :
ein Marterinstrument der Gesellschaft oder
eine sterbende Institution?

Es bedarf keines besonderen, originellen oder kühnen Geistes, um zu behaupten, Familie und Ehe seien heute in der Auflösung begriffen, obgleich immer noch sehr viel und mit großer Begeisterung geheiratet wird. In sämtlichen Ländern aber, wo es von Gesetzes wegen nicht allzu schwierig ist, sich scheiden zu lassen, werden sehr viele Ehen aufgelöst. Gewiß, es scheint bis jetzt kein Land zu geben, wo mehr als die Hälfte der Ehen geschieden werden. Es sind eben nicht *nur* rein gesetzliche Schwierigkeiten, die Ehepaare von einer Scheidung abhalten; sehr viele Ehen und Familien werden aus rein materiellen Gründen zusammengehalten. In fast allen sozialen Schichten – außer bei den ganz Reichen und den ganz Armen – bedeutet eine Scheidung häufig für beide Partner und für die Kinder eine Senkung des Lebensstandards. Dasselbe Einkommen muß nach der Scheidung für zwei Haushalte reichen. In den sozialen Schichten, wo das Geld keinerlei Rolle spielt, wo eine Scheidung keine wesentliche Senkung des Lebensstandards mit sich bringt, werden indessen über die Hälfte der Ehen geschieden.
Viele Eheleute lösen ihre Ehe, wenn dieselbe zur Qual geworden ist, der Kinder wegen nicht auf. »Wir warten noch, bis die Kinder groß sind«, heißt es. Und sind sie dann erwachsen, so wird nicht etwa nicht geschieden, weil das Verhältnis zwischen den beiden sich gebessert hätte, sondern weil die Eheleute zu müde sind und Angst haben vor der Einsamkeit oder glauben, keinen neuen geeigneten Partner mehr finden zu können. Trotz hoher Scheidungsziffern wird eine Scheidung von den meisten Leuten als ein Scheitern erlebt. Bei der Heirat hatte man ja die Absicht und Überzeugung

17

zusammenzubleiben, bis daß der Tod scheidet. Wird von Amts wegen geschieden, bedeutet dies, daß es nicht so herauskam, wie man es sich vorgestellt hat.

Es wäre langweilig, Statistiken über die Scheidungshäufigkeit in den verschiedenen Ländern, Kulturen und sozialen Schichten anzuführen. Viel eindrücklicher für den Einzelnen ist es, etwa nach dem 45. Lebensjahr Bekannte, Verwandte und Freunde im Geiste an sich vorbeiziehen zu lassen. Dabei stellt man mit Betrübnis – oder, wenn man selber geschieden ist, mit heimlicher Befriedigung – fest, daß sehr viele Ehen, die gut angefangen hatten, nicht mehr bestehen. Oft wurde nach einigen Jahren kinderlos geschieden; oft waren schon Kinder da. Jeder kennt auch Ehepaare, die nach 15-, 20- und 25jähriger Ehe die Familie auflösten. Es kann sich dabei um kinderlose Ehepaare oder um solche mit sechs Kindern handeln. Und wenn man dann gerade beruhigt festgestellt hat, daß wenigstens der alte Schulfreund Jakob und seine Frau Luise eine ausgezeichnete Ehe führen, klingelt das Telefon, und Jakob teilt seinen Entschluß zur Scheidung mit.

All diese Scheidungen wären jedoch nicht weiter schlimm, wenn man wenigstens bei den nichtgeschiedenen Ehen lauter Glück und Freude vorfände. Dem ist aber nicht so. Man weiß aus allgemeinen Untersuchungen und aus dem persönlichen Bekanntenkreis, daß viele Eheleute nur mühsam, indem sie auf alles verzichten, was ihnen lieb ist, vermögen, die Familie zusammenzuhalten. Doch wir wollen nicht übertreiben. Hie und da begegnet man doch Eheleuten, die wirklich zufrieden miteinander leben. Wenigstens glauben sie selber, dies sei der Fall. Der Außenstehende ist allerdings oft anderer Ansicht: Die Ehe scheint nur deshalb so gut zu funktionieren, weil zumindest einer der Partner sich selber völlig aufgibt und auf seine eigene Entfaltung verzichtet. Entweder opfert die Frau alle ihre persönlichen und kulturellen Ansprüche zugunsten der beruflichen Laufbahn und der Bequemlichkeit ihres Mannes. Oder aber und dieser Fall ist heute immer häufiger – der Mann liebdienert seiner Frau und getraut sich in ihrer Anwesenheit kaum je seine eigene Meinung zu äußern, opfert seine Freunde und seine beruflichen Möglichkeiten und läßt sich praktisch von seiner herrschsüchtigen Frau als Dienstmann gebrauchen. Wie oft beobachtet man, wie der einzelne Ehepartner allein sehr interessant, witzig und lebhaft ist; ist aber der Partner dabei, verschwindet jegliche Lebhaftigkeit. Viele Ehepartner, die – nach außen – in einer sehr guten Ehe leben, wirken lähmend aufeinander.

Trotz Armeen von Psychologen und Eheberatern wird nicht nur weiter sehr häufig geschieden, sondern es scheinen auch die noch bestehenden Ehen oft nichts anderes als eine Verkümmerungsinstitution zu sein. Psychiater und Psychologen haben aus dieser unerfreulichen Situation ihre Schlüsse gezogen: Ehe und Familie werden zum Patienten erklärt. Es wird bezweifelt, ob Ehe und Familie in ihrer heutigen Form überhaupt noch eine sinnvolle Institution seien. Sind sie nicht vielmehr, so erklären gewisse Sozialrevolutionäre, ein Verdummungsinstrument der Gesellschaft?

Aber auch Psychiater und Psychologen, die nicht unbedingt so radikal denken, belasten das Sündenregister von Ehe und Familie täglich von neuem. Die faulen ehelichen Kompromisse der Eltern, die unterdrückte Mutter oder der unter dem Pantoffel lebende Vater, irgendeine traurige Familienkonstellation usw. werden bei den meisten neurotischen Patienten als Ursache seelischen Leidens diagnostiziert.

Eine Psychoanalyse hat zwei Ziele: Jemanden von seinem neurotischen Leiden zu befreien – und weiter: ihm zur vollen Entfaltung und zum Finden seines Lebenssinnes zu verhelfen. Sehr oft aber endet eine solche Analyse in einer Scheidung. Einen Lebenssinn finden heißt nämlich in diesem Falle zuerst einmal feststellen, daß die Ehe keine sinnvolle Entfaltung des Analysanden ermöglicht.

Viele moderne Schriftsteller beschreiben die Ehe als eine kranke Institution, wo Lüge und Heuchelei grassieren – als eine Institution, die sich nur noch durch gegenseitiges Betrügen und durch Selbstbetrug halten kann. Das Familienleben bestehe dann aus einer endlosen gegenseitigen Quälerei. Die Verlogenheit und Heuchelei, namentlich der sogenannten bürgerlichen Ehe, ist eines der beliebten Angriffsziele moderner Autoren. Daher darf man, frei nach Shakespeares Hamlet, sagen: Nicht im Staate Dänemark – in Ehe und Familie ist etwas faul.

Betrachtet man die Institution der Ehe und Familie völlig unvoreingenommen, so drängt sich folgendes Bild auf: Dächte man sich mit großem psychologischem Geschick eine soziale Institution aus, die auf gar keinen Fall funktionieren kann und den Beteiligten zur Qual werden soll, dann erfände man bestimmt die heutige Ehe und die Institution der heutigen Familie. Zwei Menschen verschiedenen Geschlechts, meistens mit einem recht verschiedenen familiären Hintergrund, verschieden erzogen, geleitet von verschiedenen Bildern, Phantasien und Mythologien, von verschieden starker Vitalität versprechen einander, ein Leben lang, sozusagen Tag und Nacht, zusammen zu sein. Keiner soll dabei verkümmern, keiner den andern beherrschen, beide sollen sich voll entfalten. Dieses gewaltige Versprechen aber wird oft nur abgelegt aufgrund eines vorübergehenden sexuellen Rausches; ein solcher Rausch ist zwar etwas Wunderbares, aber ist er eine solide Grundlage für ein Zusammensein bis zum Tode?

Es ist bekannt, daß sich die meisten Menschen bereits bei einer 14tägigen gemeinsamen Reise auf die Nerven gehen. Nach einigen Tagen mag man sich oft kaum mehr sprechen, und jede kleine Entscheidung wird zu einem qualvollen Ringen. Die zwei Ehepartner aber versprechen sich, das ganze Leben, 30, 40, 50, 60 Jahre in größter körperlicher, geistiger und seelischer Intimität zusammen zu bleiben. Und dieses für das ganze Leben bindende Versprechen geben sie sich in jugendlichem Alter! Vielleicht sind die beiden in zehn Jahren völlig andere Menschen. Sie geben einander das Versprechen in einem Alter, in dem sie weder wissen, wer sie selber sind, noch wer der andere ist. Vor allem aber weiß keiner, wie er oder der andere sich später entwickeln wird. Das liebreizende, anschmiegsame Mädchen entwickelt sich – wer kann das wissen? – zur herrschsüchtigen Matrone. Der romantische Jüngling mit den hochfliegenden Plänen gebärdet sich später vielleicht als verantwortungsloser Schwächling.

Daß eine anständige, verantwortungsvolle Gesellschaft nicht nur duldet, sondern geradezu fördert, daß sich junge Leute in völliger Unkenntnis der psychologischen Probleme, welche ihre Versprechen mit sich bringen, zeitlebens binden können, scheint unver-

20

ständlich. Je höher die Lebenserwartung steigt, um so grotesker wird diese Situation. Da noch vor 200 Jahren die meisten Menschen nicht sehr alt wurden, endeten die meisten Ehen nach zehn oder zwanzig Jahren durch den Tod eines Partners. Heute dauern viele der nichtgeschiedenen Ehen fünfzig, ja sogar sechzig Jahre.

Die Ehe, ein künstliches Menschenwerk, wandelt sich laufend und hat viele Gesichter

»Es ist der heutige Zeitgeist, der die Ehe als Institution langsam zersetzt. Der heutige Sittenzerfall, die Umdeutung oder sogar Auflösung der Werte machen auch vor Ehe und Familie nicht halt. Die westliche Gesellschaft befindet sich in einer geistigen Krise. Diese erschüttert die Grundfesten unseres gesellschaftlichen Lebens, auch die Ehe und Familie.«
Solche und ähnliche Feststellungen hört man hie und da aus denjenigen Kreisen, die auch den Eindruck haben, die heutige Jugend sei besonders schwierig, die Kriminalität steige in erschreckendem Maße an, die Kunst entarte usw. Es sind diejenigen, deren Vorstellung es ist, daß früher alles besser war. Es sind dies Menschen, die von dem Bild beeinflußt werden, daß einmal »ein goldenes Zeitalter« geherrscht hat. Diese Vergangenheitsverehrung dient dem Verständnis der meisten gesellschaftlichen Phänomene ebensowenig wie die Sehnsucht nach der Zukunft. Menschen, die an solcher Sehnsucht leiden, glauben von vornherein, daß alles Neue besser sei als das Vorherige. Die einen nehmen an, das goldene Zeitalter sei früher einmal gewesen; die andern sind Anhänger eines naiven Fortschrittglaubens und hoffen auf ein zukünftiges Paradies.
Ehe und Familie bedeuteten zu verschiedenen Zeiten verschiedenes.
Alle sozialen Institutionen, so auch Ehe und Familie, sind in ständigem Wandel begriffen. Eine Ehe zur Zeit der Reformation Zwinglis in Zürich war bestimmt nicht dasselbe wie eine solche zur Zeit von Rudolf Brun im 13. Jahrhundert. Die Ehe eines reichen Kaufmannes zur Zeit von Louis XIV. muß anders verstanden werden als die Ehe eines vermögenden Geschäftsmannes im heutigen Paris.

In den christlichen Ländern wurde bis zur Reformation, und in den katholischen und zum Teil protestantischen Kulturkreisen bis in die Neuzeit, bedeutend weniger geschieden als heutzutage. Das heißt aber nicht, daß damals die Ehen besser oder schlechter waren. Die Verbindung bis zum Tod, die wir auch heute noch idealiter von einem Ehepartner fordern, wurde bis in die Neuzeit juristisch ernster genommen. Die Unauflöslichkeit der Ehe im christlichen Abendland war oft lediglich eine gesetzliche Fassade. In den adeligen Kreisen Westeuropas des 16., 17. und 18. Jahrhunderts war es zum Beispiel üblich, daß der Mann sich eine Geliebte – und die Frau einen Geliebten – nahm. Und in den Ländern, die bis vor kurzem keine Scheidung kannten, wie Italien, lebten viele Eheleute getrennt und führten mit einem Freund oder einer Freundin einen gemeinsamen Haushalt.

Wie die Ehe an sich entstanden ist, darüber sind die Gelehrten uneinig. Gewisse Anthropologen lieben die Phantasie, daß die Menschen zuerst in Horden lebten und in völliger sexueller Promiskuität; jeder Mann pflegte mit jeder Frau sexuellen Kontakt; daß Geschlechtsverkehr zu Schwangerschaft führte, war unbekannt; die Rolle des Mannes bei der Kinderzeugung wurde nicht realisiert; Kinder wurden von der ganzen Horde aufgezogen. Die Familie, die Ehe, die mono- oder polygame Gemeinschaft werden als sekundäre Entwicklung verstanden.

Andere Gelehrte lieben andere Phantasien. Ehe und Familie gelten ihnen als ursprünglich und primär. Denn viele höhere Formen von Säugetieren führen »Ehen«, sei es nun Einehe oder Polygamie. Das Männchen mit einer Schar Frauen und Kinder um sich soll die primäre soziale Struktur der Menschen sein.

Ist der Ursprung der Ehe im Sexualtrieb oder im Fortpflanzungstrieb zu suchen, oder hängt ihre Entstehung etwa mit der Entstehung des Eigentums zusammen? Begannen einst Frauen und Männer einander zu besitzen? Wir wissen es nicht.

In historischer Zeit wurden Familie und Ehe jeweils sehr verschieden verstanden, begründet und gestaltet. Für die alten Perser beispielsweise hatte die Ehe den Sinn, Krieger für den König zu zeugen – eine Einstellung, die uns auch aus dem Dritten Reich bekannt ist.

Das Kinderhaben spielte grundsätzlich bei vielen Völkern eine entscheidende Rolle – wenn es auch nicht gerade immer um »Kriegererzeugung« ging. So zeugte Abraham, mit dem Einverständnis seines Weibes, durch die Magd Hagar Kinder, weil Sara unfruchtbar war.

Die Nationen der Erde sind heute durch die Technik näher zusammengerückt. Dennoch zeigt die Organisation und Konzeption der Ehe und Familie eine sehr große Unterschiedlichkeit. Schon die Gründung einer Familie geschieht nach mehreren Kriterien. Die romantische Partnerwahl, das Heiraten aus Liebe, aus sexueller Anziehungskraft, breitet sich zwar immer mehr aus, hat aber viele große Völker noch kaum berührt. In Indien sind immer noch ungefähr 80 Prozent der Ehen durch die Eltern arrangiert, wobei oft auf »Romantik« gehofft wird, diese aber nicht sehr häufig eintritt. Interessanterweise sind diese arrangierten Ehen weder besser noch schlechter als die auf romantischer Liebe basierenden. Enttäuschungen bringen beide mit sich. Frauenkauf kommt noch bei vielen Völkern vor; Frauenraub hingegen ist offenbar nicht mehr weit verbreitet. Die Zahl der Ehefrauen und Ehemänner ist an verschiedenen Orten verschieden. Strikte Monogamie ist nur eine der vielen Möglichkeiten. Vielweiberei kommt in Afrika und Asien noch recht häufig vor. Auch Vielmännerei, Polyandrie, soll es, nach gewissen Berichten von Reisenden, noch geben. Ja, es werden sogar gemischte Formen von Polyandrie und Polygynie genannt.

Die einmal geschlossene Ehe wird nach den unterschiedlichsten Vorstellungen geführt. Die Ethnologen beschreiben uns beinahe alle denkbaren Möglichkeiten von Familien- und Eheformen. Das junge Ehepaar zieht zu den Eltern des Mannes, an andern Orten zu denjenigen der Frau. Gesetzlich hat der Mann, außer der Gewalt über Leben und Tod, jede Macht über seine Frau; oder: gesetzlich hat die Frau eine bessere Stellung; wir finden Matriarchate und Patriarchate; die Männer leben weiterhin zusammen und treffen sich nur an bestimmten Tagen mit ihren Frauen; die Arbeit wird geteilt; die Arbeit wird gemeinsam erledigt; ein Minimum von sexuellem Kontakt wird gesetzlich festgelegt; der sexuelle Kontakt wird gesetzlich eingeschränkt usw.

Die Ethnologen berichten uns auch über die unterschiedlichsten Möglichkeiten oder Unmöglichkeiten von Scheidung: Scheidung ist nur eine kleine Formalität; es darf nur geschieden werden, wenn einer der Partner Ehebruch begeht; es darf überhaupt nicht geschieden werden; die Initiative zur Scheidung darf nur von den Frauen ausgehen; bei vielen Völkern beendet nur der Tod die Ehe; eine extreme Form der Unauflöslichkeit der Ehe stellt die Witwenverbrennung dar; die Frau bleibt ihrem Mann durch freiwillige Verbrennung auch nach dem Tode treu. Vielleicht die eigentümlichste Form der Ehe, die uns von Ethnologen geschildert wird, ist die folgende: Ein junges Mädchen wird von seinen Eltern mit einem Knaben verehelicht. Ein sexuelles Leben mit diesem Kind ist aber selbstverständlich nicht möglich. Die Frau darf sich deshalb einen Geliebten nehmen, von dem sie dann auch Kinder bekommt. Erreicht ihr Gatte dann das geschlechtsreife Alter, so führt sie ihn in die Sexualität ein. Nach einigen Jahren nimmt dieser sich dann wiederum eine mit einem Kind verheiratete Frau zur Geliebten; dies so lange, bis deren Gatte herangewachsen ist und sie ihn dann in das sexuelle Leben einführen kann.

Was wir als Ehe und Familie bezeichnen, ist also nicht etwas, das bei allen Völkern und Kulturen und zu allen Zeiten dasselbe war und ist. Sätze wie »Die Familie oder die Ehe sind die Urzelle der menschlichen Gesellschaft«, »Vater, Mutter und Kind sind die natürliche Gemeinschaft« usw. sind mißverständlich. Bei gewissen Tierarten gibt es so etwas wie eine sich überall vorfindende gleiche Struktur der Familie. Diese Struktur wird von den betreffenden Tieren instinktiv immer wieder auf dieselbe Art und Weise geschaffen. Dies ist aber beim Menschen ganz eindeutig nicht so. Ehe, die Familienstruktur, ist etwas »Unnatürliches«, nicht Instinkthaftes, ist ein künstliches Menschenwerk. Die Ehe ist ein widernatürliches Ding, ein »opus contra naturam«; deshalb zeigen sich so verschiedene Formen im Verlauf der Geschichte und in den verschiedenen Kulturen; viele Bilder prägen Ehe und Familie. Hier kann eingewendet werden, dies sei doch Unsinn – Kinder müßten irgendwie aufgezogen werden, und dies geschehe auf die natürliche Art und Weise nur in der Familie, durch Vater und Mutter; Vater, Mutter und Kinder seien doch das Urbild der Familie; ohne Ehe und ohne Familie wäre ja die Menschheit schon lange ausgestorben; das Kind brauche doch zumindest bis zum 12./13. Lebensjahr die hegende und schützende Pflege beider Elternteile; die Pflege der Nachkommenschaft sei die Grundlage der ursprünglichen und natürlichen Familie; und es habe sich gezeigt, könnte man weiter argumentieren, daß nur dort, wo eine gesunde Familie bestehe, ein Mann und eine Frau, die liebend zusammenarbeiten, geistig und körperlich gesunde Kinder aufwachsen könnten. Jede Störung in der Beziehung zwischen Mann und Frau wirke sich nachteilig auf die Kinder aus. Vom Kind aus gesehen könne gar kein Zweifel darüber bestehen, daß die Ehe, so wie wir sie uns heute als Idealfall vorstellen, etwas vom Natürlichsten und Ursprünglichsten sein müsse.

Dieser Einwand ist weniger stichhaltig, als es auf den ersten Blick erscheinen mag. Gewiß, Mann und Frau müssen zusammenkommen, soll es Kinder geben. Nach erfolgter Zeugung und nach der Geburt stehen jedoch den Menschen die verschiedensten Möglichkeiten der Kindererziehung zur Verfügung. Die Menschheit gestaltete zu den verschiedenen Zeiten und in den verschiedenen Kulturen und sozialen Schichten die Aufzucht und Erziehung der Kinder auf mannigfaltigste Art und Weise. Ob das heute in der westlichen Welt herrschende Leitbild der Kindererziehung wirklich die einzige Möglichkeit oder sogar die beste sei, muß bezweifelt werden.

Der moderne Psychologe realisiert vielleicht nicht genug, daß seine Vorstellungen über die Bedingungen, unter denen sich ein Kind gesund entwickelt, ja sogar was eine gesunde Entwicklung überhaupt ist, begrenzt und bestimmt sind durch die Bilder der Kultur, welcher er angehört, begrenzt und bestimmt durch seine ihn leitende Mythologie also.

Ich muß hier etwas konkreter werden. Es gab bis in die neueste Zeit große, kulturell und politisch sehr bedeutende soziale Schichten, deren Methoden der Kindererziehung kaum mehr dem mythologischen Bild der heiligen Familie entsprachen. Die Resultate dieser Kindererziehung waren sicher anders – daß sie schlechter waren als die unsrigen, müßte noch bewiesen werden. In der englischen Aristokratie, insofern sie Geld und Güter besaß, war es bis vor kurzem üblich, die Kinder möglichst schnell nach der Geburt einer Amme zu übergeben. Diese Amme, und nicht die Mutter, auch nicht der Vater, nahm sich des Kindes an. Die Eltern hielten sich, wenn irgendwie möglich, der Kindererziehung fern. Die Knaben, und zum Teil auch die Mädchen, wurden möglichst bald, waren sie der Amme und dann dem Kindermädchen entwachsen, in Internate geschickt, wo sie mit Gleichgeschlechtlichen zusammenlebten und je nachdem von Männern oder Frauen erzogen wurden. Der Vater widmete sich der Verwaltung der Güter oder machte als Kolonialbeamter, Offizier oder Nichtstuer seine Karriere. Die Mutter suchte im gesellschaftlichen Leben ihre Befriedigung. Ähnliche Verhältnisse herrschten auch in der französischen Aristokratie.

Die Ethnologen beschreiben uns sehr verschiedene Erziehungssysteme. Oft ist es eine größere Gemeinschaft, die sich des Kindes annimmt, die Großfamilie oder der Stamm – weniger der Vater und die Mutter. Oft wiederum sind es zuerst die Frauen, die sich um die kleinen Kinder kümmern. Nachher übernehmen die Frauen die Erziehung der Mädchen, die Männer diejenige der Knaben. Es gibt und gab im Verlauf der Menschheitsgeschichte alle nur denkbaren Erziehungssysteme, inner- oder außerhalb der Familie beziehungsweise Ehe.

Wir können annehmen, daß es verschiedene Möglichkeiten der Aufzucht und Erziehung der Kinder gibt. Die Art der Familienerziehung, die wir uns heute als Ideal vorstellen, ist keineswegs die einzige und, aller Wahrscheinlichkeit nach, weder die eindeutig bessere noch schlechtere als andere. Jedes Erziehungssystem hat seine Vor- und Nachteile. Die englische aristokratische Erziehung ließ vielleicht etwas steife, unpersönliche Menschen heranwachsen, die sich mit einer gewissen Härte unter den verschiedensten Umständen, sei es als Distriktkommissäre in Afrika oder als Kolonialoffiziere in Indien, durchsetzen konnten. Unsere sorgfältige Betreuung durch Vater und Mutter bis zum Erwachsenenalter formt gefühlvolle Menschen, die jedoch dazu neigen, von der bösen Welt immer wieder enttäuscht zu werden, wenn sie einmal merken, daß die andern Menschen nicht alle so lieb wie »Papi und Mammi« sind. Ein Nachteil unseres Systems der Erziehung ist vielleicht die narzißtische Verweichlichung; die vermehrte persönliche Liebesfähigkeit dagegen ist ein Vorteil.

Das »beste Erziehungssystem« existiert nicht. Schon die Ziele unserer Erziehungsbemühungen wechseln praktisch alle 10 bis 20 Jahre. Die römische Oberschicht, die aus ihren Kindern tüchtige Soldaten und fähige Staatsmänner machen wollte, mußte ihre Kinder anders erziehen als die frühchristlichen Eltern, für die es vor allem darum ging, den Kindern zu ermöglichen, Gott kennenzulernen und das Paradies zu erlangen. Kinder eines totalitären Staates, wie zum Beispiel der Sowjetunion, müssen anders erzogen werden als diejenigen eines demokratischen, wie etwa Dänemark.

Da die Zielsetzung dauernd wechselt, ist es fast unmöglich, die Erfolge einer bestimmten Erziehung in ihrer Wirksamkeit zu überprüfen. Heute ist es so, daß sich die Zielsetzung, kaum hat sich ein bestimmter Erziehungsstil herausgebildet, durch das veränderte Menschenbild bereits wieder verändert. Deshalb lassen sich die Resultate der Erziehung gar nicht übersehen, da immer wieder »andere Menschen« gewünscht werden.

Pädagogik ist keine objektive Wissenschaft. Auch die sich wissenschaftlich gebärdenden Erziehungsforscher sind Kinder ihrer Zeit und denken sich Erziehungssysteme aus, die dem Bedürfnis des zeitgebundenen Menschenbildes entsprechen. Da wir also nie genug Zeit haben, die Resultate unserer Bemühungen zu überprüfen, drücken die verschiedenen Erziehungssysteme eigentlich nur unsere Phantasien und Vorstellungen darüber aus, wie die Kinder zu den uns erwünschten Menschen zu formen sind.

Von der Betreuung der Kinder aus gesehen ist es deshalb fraglich, ob das uns geläufige Bild der Familie ein »natürliches« und notwendiges sei. Ich glaube, wir kommen dem Verständnis von Ehe und Familie nur näher, wenn wir uns einmal klar darüber werden, daß Ehe und Familie künstliche Gebilde sind, Ausdruck menschlicher Phantasien, Menschenwerk im wahrsten Sinne des Wortes, fern von jeglichen »natürlichen« Instinkten.

Wenn wir in diesem Buch von Ehe sprechen, so müssen wir uns bewußt sein, daß die Ehe, so wie wir sie heute in Westeuropa erleben, eine soziale Institution ist, die sich dauernd wandelt. Sie ist das Resultat einer langen historischen Entwicklung und dauernd sich wandelnder philosophischer, religiöser, politischer, sozialer und wirtschaftlicher Vorstellungen und Verhältnisse.

Die heutige Ehe wird der Idee nach immer noch als bis zum Tode dauernd verstanden. Scheidung ist zwar möglich, aber unerwünscht. Heute herrscht die Vorstellung, daß sich in der Ehe zwei mehr oder weniger gleichberechtigte Partner binden. Mann und Frau – ebenso Kinder – sollen sich als Partner in der Ehe seelisch voll entwickeln und entfalten können. Daß beide sich entfalten, ist nicht selbstverständlich oder natürlich, sondern ist eine an die Zeit gebundene Vorstellung, die sich einmal ändern kann. Wir betrachten heute diese Gleichberechtigung als selbstverständlich; wir können aber nicht wissen, ob vielleicht schon in hundert Jahren ein großer Teil der Menschheit es für richtig befindet, wenn die Frau oder der Mann als nicht gleichberechtigter Partner in der Ehe behandelt wird.

Bei allem Gemeinsamen haben allerdings die Ehen des westlichen Kulturkreises auch heute noch ganz unterschiedliche Funktionen. Es gibt in unserer Kultur verschiedene Ehevorstellungen und Phantasien. Eine Form der Ehe könnte man als die »Bäurische Ehe« bezeichnen. Hier bearbeiten Mann und Frau einen gemeinsamen Hof, einen gemeinsamen Besitz. Es ist sogar die Aufgabe der Kinder, an diesem Hof mitzuarbeiten und ihn später zu übernehmen. In nichtbäuerlichen Kreisen findet sich diese Art von Ehe bei Eheleuten, die gemeinsam ein Geschäft, ein Hotel oder einen Laden besitzen und leiten. Die Ehe wird in diesem Falle eigentlich als Geschäftspartnerschaft verstanden.

Eine zweite Vorstellung der Ehe könnte durch das Wort Kinderheim charakterisiert werden. Nämlich diejenige, welche als Institution verstanden wird, die es ermöglicht, Kinder in einer geschützten und liebevollen Atmosphäre aufwachsen zu lassen.

Wiederum ein anderes Bild der Ehe ist die politische Ehe. In dieser verbinden sich ein Mann und eine Frau aus verschiedenen Fürstengeschlechtern, mächtigen Familien, befreundeten oder verfeindeten politischen, wirtschaftlichen oder kriminellen Gruppierungen. In Kreisen der Mafia sollen solche Ehen üblich sein, ebenso bei mächtigen angelsächsischen Familien wie den Kennedys. Das klassische historische Beispiel solcher Heiratspolitik ist in Europa die Familie der Habsburger.

Auch spielt heute noch die Ehe als Möglichkeit, einen Menschen zu besitzen, die »Sklavenehe«, eine Rolle. Der Mann nimmt sich eine Frau und gebraucht sie als Haushaltsklavin. Oder aber umgekehrt: Die Frau besitzt ihren Mann als Arbeitskraft und Ernährer. In diesen Ehen spricht man immer betont von »meinem Mann« und »meiner Frau«.

Ich mußte hier die mannigfaltigen Möglichkeiten der Ehe, die wechselnden Gesichter, die sie im Laufe der Geschichte zeigte, und ihre kulturelle Abhängigkeit, die verschiedenen Bilder, die auch am selben Ort und zur selben Zeit die Ehe bestimmen, deshalb unterstreichen, um zu zeigen, daß die Ehe nicht irgend etwas Gegebenes, etwas biologisch Vorbestimmtes, etwas sogenannt Natürliches ist. Die Ehe ist ein Menschenwerk, das immer wieder neu geschaffen und neu verstanden wird.

Um die Ehe besser verstehen zu können, müssen wir etwas ausholen und in den folgenden Kapiteln auf den Unterschied zwischen Wohl und Heil eingehen.

Wohl und Heil

Die Trennung von »Wohl« und »Heil« ist künstlich. Im menschlichen Leben lassen sich diese beiden philosophischen Begriffe nicht immer scharf unterscheiden. Zum Verständnis des Menschen ist es aber wichtig, diese Unterscheidung theoretisch zu treffen.

Beim »Wohl« geht es darum, unangenehme Spannungen zu vermeiden, ein wohliges, körperliches Gefühl zu erstreben, sich entspannt und angenehm zu fühlen. Zum Wohl gehört eine ausreichende Ernährung, Schutz vor Regen, Hitze und Kälte, Fehlen von Existenzangst, gelegentliche sexuelle Entspannung, eine angenehme, aber nicht allzu erschöpfende Betätigung des Körpers. Zum Wohl gehört also einmal die Möglichkeit, ohne allzu große Anstrengungen sämtliche sogenannten materiellen Bedürfnisse zu befriedigen. Auch ein Minimum an Platz, an Lebensraum ist notwendig. Das Wohl darf nicht nur rein physiologisch verstanden werden. Ein Zugehörigkeitsgefühl zur Herde, zum Teil auch eine gewisse gehobene Stellung in der Kollektivität ist für das Wohl notwendig. Menschliche Geborgenheit, ein angenehmes Herdengefühl, ein gutes Verhältnis innerhalb der Familie, unter den Nachbarn und Bekannten ist unerläßlich. Vielen Erwachsenen ist es ferner nur »wohl«, wenn eigene oder andere Kinder um sie herum sind. Ganz eindeutig nicht zum »Wohl« gehören Spannungen, Unzufriedenheit, leidenschaftliches Ergriffensein, Angst, Haß, schwere innere und äußere unlösbare Konflikte, obsessive Suche nach einer nie zu findenden Wahrheit, verzweifeltes Ringen um Gott, Auseinandersetzung mit dem Bösen und mit dem Tod.

Um das Wohl des Menschen hat sich auch der Staat zu kümmern; deshalb spricht man vom »Wohlfahrtsstaat«.

Krankheit gehört eindeutig nicht zum Wohl. Auf alle Fälle ist es für den körperlich und geistig gesunden Menschen bedeutend leichter, sich wohl zu fühlen, als für den Kranken. »Gib uns unser täglich Brot« besagt eigentlich: »Gib uns unser täglich Wohl«. Ein Korrelat zum Wohl ist das Glück; ein Mensch, der Werte des Wohles einigermaßen besitzt, ist glücklich und zufrieden.

Den Begriff Heil kennen wir vom Seelenheil her. Die christliche Religion zum Beispiel versuchte den Menschen das Heil zu bringen. Es geht dabei nicht einfach um ein glückliches, entspanntes irdisches Leben. In religiöser Sprache heißt Heil, den Kontakt mit Gott suchen und finden. In der Philosophie spricht man oft von einem Suchen nach dem Sinn, einem Erlebnis des Sinnes des Lebens. Nach christlicher Vorstellung ist Heil auf dieser Erde eigentlich nie völlig zu erreichen. Sünde und Tod, Verdunklung Gottes oder Abfall von ihm belasten uns dauernd. Beim Heil geht es um die Sinn-Frage, und diese kann nie beantwortet werden.

Wie es unzählige Philosophien und Religionen gibt, so gibt es auch unzählige Heilswege. Letztlich muß jeder einzelne Mensch auf seine spezielle Art sein Heil suchen und finden. Alle Heilswege haben jedoch gewisse Züge gemeinsam. Ich kenne keinen Heilsweg, in dem nicht eine Konfrontation mit dem Leiden und dem Tod notwendig ist.

Das große Mythologem für den Heilsweg ist für die Christen das Leben Jesu Christi. Sein Wirken, sein Leiden und Sterben gehören unabänderlich zu dem Weg, durch den Christus zurück zu seinem Vater fand. Auch nach seinem Tod konnte er nicht sogleich in den Himmel auffahren, sondern mußte zuerst drei Tage in der Unterwelt verbringen.

Für die Buddhisten bedeutet das Nirwana das Heil; aber zuerst muß der Mensch durch Krankheit, Alter und Tod aufgerüttelt werden, bevor er nach dem Nirwana zu streben beginnen kann.

Genau genommen können wir kaum je sagen oder uns auch nur vorstellen, was das Heil eigentlich ist. Wir kennen nur die verschiedenen Heilswege. Das Heil als solches kann vielleicht in einem menschlichen Leben während einiger Sekunden, in gewissen religiösen oder philosophischen Höhepunkterlebnissen, geahnt werden. Für einige Sekunden, bei einem Sonnenuntergang oder beim

Abwaschen, in der Kirche bei einer Taufe oder auf einem Jahrmarkt, glaubt man ganz plötzlich und nur ganz kurz zu erkennen, worum es im Leben geht; man tritt in Berührung mit dem eigenen göttlichen Funken.

Heil und Wohl widersprechen sich. Der Weg zum Heil schließt Leiden nicht notwendigerweise ein. Das Wohl drängt uns, glücklich zu sein und uns nicht mit Fragen herumzuschlagen, die wir nicht lösen können. Ein glücklicher Mensch sitzt an seinem Familientisch im Kreise seiner Lieben und genießt die kräftige Mahlzeit. Ein Mensch, der das Heil sucht, ringt mit Gott, Teufel und der Welt und setzt sich mit dem Tod auseinander, auch wenn dies alles im Moment nicht unbedingt nötig ist.

Der Staat hat sich unter anderem um das Wohl seiner Bürger zu kümmern; das Heil hingegen kann er ihnen nicht bieten. Er kann nur jedem die Freiheit geben, das Heil dergestalt zu suchen, wie es ihn drängt. Es sind die Kirchen und religiösen Gemeinschaften, die sich mit dem Heil befassen.

In der Jungschen Psychologie und Psychotherapie wird ebenfalls ziemlich präzis zwischen Heil und Wohl unterschieden. Beim Wohl geht es darum, dem Patienten zu helfen, sich der Umgebung anpassen zu können und zu lernen, sich einigermaßen durchzusetzen. Es geht also darum, ihn möglichst von seinen neurotischen Mechanismen zu befreien. Wir sprechen ferner in der Jungschen Psychologie von »Individuation«. Diese hat nicht notwendig mit der geistigen Gesundheit, mit dem Wohlgefühl und mit dem Glück zu tun. Die Individuation ist das Drängen des Menschen, seinen eigenen Heilsweg zu finden. Der Psychotherapeut versucht als Heiler dem Patienten zu helfen, sich auf dieser Welt einigermaßen wohl zu fühlen und glücklich zu werden. Er versucht auch, den Patienten in seinem Suchen nach seinem Heil, in der Individuation zu unterstützen. Der Individuationsprozeß hat also viel mit dem Heil und wenig mit dem Wohl zu tun.

Für die folgenden Ausführungen ist es unerläßlich, genau zu verstehen, was wir unter dem Bild oder dem Begriff der Individuation, der psychologischen Beschreibung des Heilsweges, verstehen. Um hier jeglichem Mißverständnis vorzubeugen, muß ich etwas ausholen.

Seit der Mensch existiert, versucht er herauszufinden, wer er ist und was ihn antreibt. Psychologie als Wissenschaft ist noch sehr jung; das Wundern über die Seele aber hat die Menschheit wahrscheinlich schon immer ergriffen. Dieses Wundern steht im Zusammenhang mit dem, was wir als Religion bezeichnen. Durch die Realisierung des Todes und aus dabei aufsteigenden Bildern der Phantasien entwickelten sich Begräbnisrituale, die als Anfang der Psychologie und Religion verstanden werden können. Die bewußte Erfahrung des Todes schuf Religion und Psychologie.

Diese »religiöse Psychologie«, dieses Suchen und Erforschen der Natur der Seele innerhalb des religiösen Rahmens ist unserer westlichen Welt vor allem in seiner christlichen – und zum Teil griechisch-römisch mythologischen – Form bekannt. Jesus Christus war sicher, daß Gott kommen werde, um den Menschen heim in sein Reich zu führen. Die Seele mußte von diesem eschatologischen Standpunkt aus verstanden werden. Seelenrettung war deshalb das Bestreben des mittelalterlichen Christentums. Das Ziel der Seelenerkenntnis war es, fähig zu werden, die Seele in den Himmel zu führen und sie daran zu hindern, in ewige Verdammnis zu fallen.

Die Herrschaft des christlichen Gottes begann während und nach der Renaissance zu wanken. Ein neuer Mythus, genannt Wissenschaft, erhob sein Haupt. Der Mensch versuchte das, was er einmal als Gottes Schöpfung bezeichnete, objektiv zu betrachten, ohne jedes andere Ziel herauszufinden, »wie die Dinge wirklich sind«. Diese sogenannte objektive Betrachtungsweise beeinflußte die Seelenforscher.

Die Seele, die man einmal erkennen wollte, um sie zu retten, wurde nun sozusagen unter das Mikroskop gelegt. Objektive experimentelle Beobachtung wurde mit der Zeit zu *der* psychologischen Methode. Unglücklicherweise wurde dabei, aus einer Art Gegenreaktion heraus, alles, was irgendwie vage mit der alten religiösen Psychologie oder dem Seelenheil verbunden war, verworfen. Keine unbestimmten religiösen Zielsetzungen des Seelenlebens sollten die Klarheit der Beobachtung trüben. Die einzige bewegende Kraft, welche dem seelischen Leben zugebilligt wurde, war der Überlebenstrieb des Individuums und der Art. Es wurde versucht, psychisches Leben als ein Bündel mehr oder weniger erfolgreicher Überlebensmechanismen zu verstehen. Die psychologische Forschung spielte sich innerhalb des biologischen Modells ab.

Der »Christoph Kolumbus der Psychologie«, Freud, glaubte an dieses biologische Modell. Er begann allerdings, eine Seele zu beschreiben, die nur durch einen fanatischen Wissenschaftsgläubigen in das alte biologische Modell gezwungen werden konnte. Aber Freud blieb ein Gläubiger! Hunger, Durst, Aggression, Fortpflanzung – Sexualität – mußten die herrschenden Götter bleiben. Freud hat sich sicher oft sehr unkomfortabel in seinem biologischen Dogmatismus gefühlt. Er beobachtete in der Welt der Seele Kräfte am Werk, die sich nicht in das Überlebensmodell hereinzwängen ließen. Und so polarisierte Freud schließlich die menschlichen Grundinstinkte. Alle Triebe, welche das Leben zu erhalten schienen, nannte er Eros; daneben nahm er noch einen gegenteiligen Trieb an, den sogenannten Todestrieb (Thanatos).

C.G. Jung, zuerst befreundet, dann verfeindet mit Freud, befreite die Psychologie aus der Enge des klassischen biologischen Denkens. Zwar arbeitete er zum Teil mit naturwissenschaftlichen Methoden; er beobachtete das Leben der Psyche in sich selber und in andern sorgfältig und objektiv. Er versuchte, ein objektiver Wissenschaftler zu bleiben. Noch in einem weiteren Sinn war Jung objektiv: Er befreite sich von der Ängstlichkeit seiner Vorgänger, die aus Furcht, in irgendeinen vagen religiösen Nebel zu gelangen, auf dogmatische Art und Weise alles psychische Leben auf die biologischen Erhaltungstriebe zurückführen wollten. Jung war frei von dem Zwang, aus dogmatischen Gründen jedes psychologische Phänomen der Biologie unterzuordnen. Aufgrund dieser offenen Betrachtungsweise entdeckte er folgendes: Die Tätigkeiten, die Freuden und Leiden, die Bilder und die Sehnsüchte der Psyche konnten nicht auf die sogenannten Grundtriebe des Hungers, Durstes, der Aggression und der Fortpflanzung reduziert werden. Eine andere Kraft, ein anderer Trieb mußte in Betracht gezogen werden. Jung nannte diese Kraft: den Individuationstrieb.

Nach Jung haben andere namhafte Psychologen den Individuationstrieb erkannt. Es wurden Begriffe gebildet wie »Suche nach dem Sinn«, »Suche nach der eigenen Identität«, »Seinsentwurf«, »Kreativität«, »Zweite Dimension« usw., die jedoch sämtlich etwas vage und unbestimmt sind.

Individuation ist nicht elitär – doch stets politisch

Es ist vor allem die *detaillierte* Beschreibung der Individuation, die diesen Jungschen Begriff für die Psychologie des Menschen derart nützlich macht.

Individuation ist ein Prozeß, kann aber auch als Trieb verstanden werden. Individuation ist ebenso wesentlich wie Hunger, Durst, Aggression, Fortpflanzung und Streben nach Entspannung und Glück. Jung unterstrich immer wieder verschiedene Aspekte der Individuation. Er betonte die Wichtigkeit der Entwicklung der einzelnen Seele, die zwar ihre Wurzeln in der kollektiven Seele hat, sich jedoch innerhalb dieser abgrenzen und individuell entwickeln muß. Oft schrieb er von der Wichtigkeit der Bewußtwerdung; immer wieder wies er darauf hin, daß das Unbewußte dem Bewußten integriert werden sollte. Zeitweise verband er Individuation sehr stark mit einem Prozeß, den wir oft in der Analyse beobachten. Jung hat aber nie angenommen, daß Individuation nur in der Analyse stattfinde.

Der Individuationstrieb treibt uns, mit dem göttlichen Funken in uns, den Jung als das Selbst bezeichnete, in Berührung zu kommen. Das Ziel der Individuation und der Prozeß selber können eigentlich nur durch Symbole dargestellt werden. Das Leben Jesu Christi könnte zum Beispiel, sofern es symbolisch verstanden werden kann, als ein Individuationprozeß begriffen werden. In religiöser Sprache kann man sagen, daß das Ziel der Individuation das Sich-Annähern an Gott oder an die Götter ist, das In- Berührung-Kommen mit dem Zentrum der Welt, das gleichzeitig das Zentrum unseres eigenen Selbst ist.

Ein anderes Symbol der Individuation ist das Bild der »Reise nach der goldenen Stadt Jerusalem«. In Bunyans »Pilgrim's Progress« wird die beschwerliche und abenteuerliche Pilgerfahrt sehr eingehend geschildert. In unserem menschlichen Leben ist es allerdings so, daß wir auf der Reise nach der goldenen Stadt Jerusalem immer am Anfang oder in der Mitte, nie aber am Ziel sind.

Märchen enthalten sehr oft Individuationssymbolik. Der Held muß viele Abenteuer bestehen, um die geliebte Prinzessin heiraten zu können. Diese Heirat ist ein Symbol der Verbindung mit der eigenen Seele. Der Mann projiziert sein Seelenbild auf das Weibliche. In dem Sinne bedeutet die Ehe im Märchen das Ziel der seelischen Entwicklung. Oft wird aus »Pilgrim's Progress« ein »Prince's Progress«, d.h. der Prinz läßt sich auf seiner Reise so oft ablenken, daß bei seiner Ankunft im Schloß die Prinzessin tot ist.

Leider wird in den Märchen der Prozeß der Individuation oft zu einfach und zu undifferenziert dargestellt. Ältere Mythen geben uns ein besseres Bild. Ich erwähne hier als Beispiel die altwalisische Legende von Culhrwch und Olwen. Der Name Culhrwch bedeutet wahrscheinlich »Schweinegraben«. Culhrwch wird unter Schweinen geboren. Nach der Geburt wird seine Mutter geisteskrank und stirbt. Eine gute Stiefmutter erzieht ihn, und von ihr hört er von einem Mädchen namens Olwen, der Tochter eines Riesen. Dieser will ihm aber seine Tochter nur geben, wenn Culhrwch vierzig mögliche und unmögliche Taten vollbringen kann, welche zum Teil entsetzlicher Art sind, wie tückische Morde und dergleichen. Viele Taten vollbringt Culhrwch allein, andere mit seinen Kameraden, wieder andere werden von seinen Kameraden oder von König Arthur allein ausgeführt. Culhrwch durchstreift die ganze damals bekannte keltische Welt. Und der Höhepunkt ist eine gewaltige Wildsaujagd und das Abzapfen des Blutes einer Hexe.

Auch in Bildern der Kunst wird die seelische Entwicklung, die Individuation, dargestellt, oft jedoch auf zu saubere, zu geradlinige Art. Bekannt ist etwa das Bild des edlen Ritters Georg. Er wird uns von Malern, Bildhauern und Goldschmieden in Kirchen, Palästen und Privathäusern vor Augen geführt. Hoch zu Pferd, in eleganter Rüstung sitzt der edle Ritter und durchbohrt mit seinem Speer den sich am Boden windenden Drachen.

Symbolisch zeigt dieses Bild die siegreiche Auseinandersetzung des heiligen Georg mit seinem dunklen Unbewußten. Psychologisch viel treffender stellt der Mythos von Culhrwch die Auseinandersetzung mit den unbewußten seelischen Kräften dar. Nach der Überwindung des gewaltigen Ebers wird die schwarze Hexe in ihrer Grotte aufgestöbert. König Arthur, als Helfer von Culhrwch, schickt Diener in die Höhle; diese zerren die Hexe an den Haaren; sie ihrerseits greift die Männer am Schopf und wirft sie zu Boden. Schreiend fliehen die aus der Höhle. Schließlich muß Arthur persönlich in den Kampf eingreifen und schlägt die Hexe mit dem Schwert entzwei. Das Blut wird ihr abgezapft, wahrscheinlich mit der Absicht, es zu trinken und sich für die entscheidende Auseinandersetzung mit dem Riesen, dem Vater Olwens, zu stärken. Dem unglücklichen zukünftigen Schwiegervater des Helden wird nicht nur der Bart, sondern die Haut samt den Ohren abrasiert; der Kopf wird abgeschlagen und aufgespießt, und endlich kann sich der Held mit Olwen vereinigen: Nun ist er mit seiner Seele, die auf das Weibliche projiziert wird, verbunden.

Mut, Feigheit, chaotisches Kämpfen, Schmutz und grausiges Einverleiben von Hexenblut charakterisieren diese Geschichte. Elegante Distanziertheit dagegen zeigen die Bilder von Georg und dem Drachen. Die Individuation ist in der blutigen und chaotischen Geschichte von Culhrwch besser dargestellt und symbolisiert als im Bild des eleganten Ritters Georg.

Die Individuation bedeutet ein aktives, schwieriges, unheimliches Durcharbeiten unserer eigenen komplizierten Psyche bis beispielsweise zur möglichen Vereinigung der in ihr enthaltenen Gegensätze, symbolisiert durch die Vereinigung von Mann und Frau. Es ist eine lange und interessante Reise. Ein weiter Weg muß zurückgelegt werden, bis sich etwa der Mann mit den mannigfaltigen Aspekten des Mütterlichen auseinandergesetzt hat. Zuerst hat er sich mit der natürlichen und nährenden, tierischen Mutter auseinanderzusetzen, die ihm konservativ und antigeistig erscheint. Sie wird mythologisch in der extravertierten, Fruchtbarkeit bringenden Demeter dargestellt. Verführerisch an ihr ist, daß sie nährt, wie die Lebkuchen-Hexe von Hänsel und Gretel; unheimlich an ihr ist, daß sie den

Mann verschlingen möchte. Eine zu große Bindung an die Mutter hemmt die Entwicklung des Mannes.

Die andere Seite des Mütterlichen, mit der sich ein Mann zu konfrontieren hat, wird in Persephone, der Göttin der Unterwelt, mythologisch gezeichnet. Es ist dies die feenhafte und geistige, ehrgeizige Mutter; im Guten inspiriert sie den Mann, im Schlechten treibt sie ihn zum Tode und zum Wahnsinn. Die ehrgeizigen Phantasien der Mutter können den Mann zu großen geistigen Leistungen ermuntern oder ihn am Ehrgeiz zugrundegehen lassen. Bis ein Mann versteht, daß diese archetypischen, seelischen Kräfte in ihm selber vorhanden sind und es nichts hilft, sie nur in der leiblichen Mutter zu sehen oder auf andere Frauen oder gar Institutionen zu projizieren; bis er sieht, daß es nicht weiterführt, die Mutter zu beschimpfen und dauernd die Gesellschaft anzuklagen, braucht es sehr viel seelische Anstrengung. Und dies ist nur eine der gewaltigen Aufgaben, die in der Individuation bewältigt werden müssen.

Von entscheidender Wichtigkeit im Prozeß der Individuation ist die Auseinandersetzung des Mannes mit der Frau oder dem Weiblichen ganz allgemein und umgekehrt: die Auseinandersetzung der Frau mit dem Mann oder dem Männlichen. Das Wunder, daß sich die menschliche Existenz – auch die tierische – fruchtbar nur in der großen Polarität männlich-weiblich abspielt, ist eines der großen Themen der Individuation. Die Liebe und der Haß, die Trennung und die Vereinigung mit dem Gegengeschlechtlichen außer uns und in uns gehört zu der seelischen Entwicklung, die unter dem Zeichen des Heiles steht.

Der Auseinandersetzung mit dem Leiden und dem Tod, mit den dunklen Seiten Gottes und seiner Schöpfung, mit dem, was uns leiden macht und womit wir uns selber und andere quälen, kann in der Individuation nicht ausgewichen werden. Es gibt keine Individuation ohne Konfrontation mit der destruktiven Seite Gottes, der Welt und unserer eigenen Seele.

Dieser Auseinandersetzung standzuhalten ist individuell und kollektiv sehr schwierig; und jede Zeit findet ihre eigenen Methoden, dem Destruktiven auszuweichen. Gerade heute ist es große Mode, das Leiden und das Destruktive in uns der sogenannten Gesellschaft anzulasten. In diesem Sinne werden einfache Heilmittel dagegen angeboten: Man reorganisiere die Gesellschaft und schon würde das Leiden verschwunden sein. Alles sogenannte Böse sei das Resultat einer schlechten Erziehung; diese wiederum beruhe auf den Manipulationen einer schlechten Gesellschaft, einer Gesellschaft, die von einigen Bösewichten zu ihrem Vorteil geleitet und gelenkt würde.

Eine andere prinzipielle Form des Ausweichens gegenüber dem Leiden drückt sich als sogenannter Fortschrittsglaube aus. Heute liegt zwar noch vieles im Argen, aber es wird jeden Tag besser, und es ist nur noch eine Frage der Zeit – und der Organisation –, bis das Paradies auf Erden etabliert sein wird.

Die Begriffe der Individuation und des Heils hängen sehr eng zusammen. Das Ziel der Individuation, so könnte man sagen, ist das Heil der Seele, das Seelenheil. Leider sind beide Begriffe immer wieder in Gefahr, viel zu eng verstanden zu werden. Friedrich der Große, ein mir sonst nicht sehr sympathischer preußischer König, soll gesagt haben: »Jeder muß auf seine Facon selig werden.« So muß auch jeder auf seine Art das Heil finden.

Die Menschen haben immer wieder blutige Kriege um des Heilswillen geführt. Jeder einzelne glaubte, den anderen seine Auffassung des Heils aufzwingen zu müssen. Dunkelste, destruktivste Schattenelemente mischten sich immer wieder unter die Motivationen der Heilskämpfer. Unter dem Deckmantel des Seelenheils versteckten sich Machttriebe und Zerstörungswut.

Das Heil aber ist für alle da; es ist allen offen, eine Möglichkeit für jede Seele. Oder in christlicher Sprache ausgedrückt: Christus ist für alle Menschen gestorben.

Das Heil ist jedoch nur symbolisch faßbar, nur in Bildern darzustellen. Bilder, die dieses Unsagbare ausdrücken, sind sehr verschieden. Das Heil spiegelt sich im menschlichen Verständnis auf vielfältigste Art und Weise. Es ist etwas allen Seelen Mögliches und Gemeinsames, das aber auf die unterschiedlichste Art und Weise erreicht werden kann. Das »sine ecclesia nulla salus« ist ein tragisches Mißverständnis, sofern sich das »ecclesia« auf eine bestimmte Gemeinschaft von Heilsuchenden bezieht.

Eine elitäre Einengung droht oft den Wert des Begriffs oder des Bildes der Individuation zu zerstören. Man nimmt zum Beispiel an, Individuation stehe nur denjenigen Menschen offen, die sich einer Analyse unterzogen hätten. Nur derjenige, der über seine eigene psychologische Entwicklung reden kann, derjenige, der seine Träume psychologisch versteht und zu deuten weiß, sei des Heils fähig und würdig. Eine solche Auffassung läßt sich mit derjenigen gewisser christlicher Sekten vergleichen, die behaupten, es würden im ganzen nur 40 000 Menschen von Christus gerettet, selbstverständlich sämtliche Angehörige der betreffenden Sekte. Eine ebenso überhebliche Einengung liegt in der Annahme, nur Leute einer bestimmten Intelligenz und eines bestimmten Bildungsniveaus könnten sich individuieren. Leute mit einem Intelligenzquotienten unter 90, so wird angenommen, seien dessen nicht fähig.

Es gibt ungezählte Medien der Individuation, nicht nur das Psychologische oder das Intellektuelle. Dem Menschen steht es offen, sich durch die Kunst oder das Kochen, in der Liebe oder in der Technik, im Handel oder in der Politik zu individuieren. Wie verschieden diese Individuationswege sein können, möchte ich mit folgenden zwei Beispielen illustrieren:

Ich hörte einmal in New Orleans einem Jazzkonzert zu, dessen Mitglieder alle mindestens 65 Jahre alt waren. Ihre Instrumente beherrschten sie nicht mehr völlig, da einige von ihnen bereits die Beweglichkeit der Gelenke eingebüßt hatten. Sie spielten eine altmodische Art von Jazz. Hörte man ihnen zu und beobachtete dabei den einzelnen, so hatte man den Eindruck, daß diese Musiker irgend etwas begriffen hatten und etwas aussagten, das mit Individuation zu tun hatte. Sie waren auf diesem Wege zum Heil.

Ein anderes Erlebnis, das mich tief beeindruckte, war folgendes: Ich besuchte einmal den Gottesdienst eines reformierten religiösen Ordens, der für debile und imbezile Kinder gestaltet wurde. Das Abendmahl wurde der Gemeinde, den Eltern der geschädigten Kinder und den Kindern selber ausgeteilt. Schon Monate vor diesem Abendmahl-Gottesdienst waren die intellektuell völlig unfähigen Kinder, die zum Teil kaum sprechen konnten, durch verschiedene Bilder auf die Bedeutung des Abendmahls aufmerksam gemacht worden. Was in diesen Kindern vorging, als sie am Abendmahl teilnahmen, können wir nicht genau wissen. Betrachtete man aber ihre Gesichter und versuchte man die eigene Seele auf die ihre einzustellen, so konnte man sich des Eindrucks nicht erwehren, daß irgend etwas in den Seelen dieser Benachteiligten stattfand, das einer Individuation nahe kam. Vor der Überreichung des Abendmahls, anstelle einer Predigt, wurde den Kindern mittels Bildern das Leiden, Sterben und die Auferstehung Christi gezeigt. Haben sie es begriffen? Doch diese Frage stellt sich auch für uns normal Intelligente: Haben wir das Leiden und die Auferstehung Christi begriffen? Niemand kann Individuation begrifflich wirklich erfassen. Nur Bilder können sie ausdrücken. Für alle Teilnehmer dieses Gottesdienstes stand es fest, daß diese Kinder im Moment der Austeilung das Heil ahnten.

Wir haben jetzt ausführlich über die Individuation gesprochen und wie sie symbolisch in Märchen und Sagen und in lebenden Symbolen dargestellt wird.

Doch könnte etwas in unseren Ausführungen über die Individuation und über das Heil mißverständlich sein. Ein Aspekt scheint zu fehlen. Individuation und Heil scheinen etwas Autistisches, Selbstzentriertes zu sein. Es scheint beim einzelnen im stillen Kämmerlein zu geschehen, durch Arbeit an der eigenen Seele, allein oder zu zweit, etwa in der Ehe, in der heftigen Auseinandersetzung. Nunmehr taucht hier eine banal-banausische Frage auf: Was nützt all dies der Gesellschaft, Gemeinschaft, der Gemeinde, dem Staat, kurz dem Mitmenschen? Jedoch: Individuation ist nicht Individualismus. Mitwirken an dem, was man heute mißverständlicherweise abstrakt als Gesellschaft bezeichnet, also Mitwirken an Nachbarschaft, Gemeinde, an Organisationen, am Heil der Mitmenschen – das alles gehört mit zur Individuation. Alle Einzelseelen sind an der Kollektivseele beteiligt. Unsere tiefsten Schichten sind verbunden mit dem kollektiv Unbewußten, dem kollektiv Seelischen, durch das alle Menschen und Gruppen verbunden sind. Eine egoistische Einzelindividuation als Privatvergnügen ist deshalb schwer vorstellbar.

Auffällig ist, daß in vielen Individuationsmärchen und Mythen der

Held und seine Helfer oder Freunde Könige, Prinzen, Prinzessinnen oder, in archaischen Mythen, Halbgötter, die Einfluß auf die Menschen haben, sind. Könige, Prinzen usw. sind aber Menschen mit politischen Funktionen, mit erblichen politischen Ämtern. Diese mythologischen und Märchenfiguren haben das Kollektive, das Gesellschaftliche in sich. Individuation von Königen muß mithin der Gesellschaft zugute kommen. Auch diese Märchen und Mythen sagen: Eine Individuation ohne gesellschaftliche Verflechtung ist nicht vorstellbar. Diese gesellschaftliche Seite der Individuation müssen wir allerdings durch mittelalterliche Bilder ergänzen. Wir wollen nicht nur die Figuren von Königen und Rittern, sondern auch diejenige des Eremiten, des Einsiedlers, betrachten. Könige und Ritter waren aktiv in der Gesellschaft. Der Einsiedler dagegen zog sich zurück in die Einsamkeit, nicht nur um für sein Seelenheil zu beten, sondern auch um für das Heil der gesamten Menschheit zu ringen.

In dem Sinn gehört die Teilnahme an der Gesellschaft immer mit zur Individuation; sei es nun in extravertierter Form, wie die mittelalterlichen Ritter, oder in introvertierter Form, wie der betende Mönch, oder in gemischter Form. Der Individuierende befaßt sich mit seinen Mitmenschen, sei es aktiv an dem Geschehen teilnehmend oder innerlich mit den kollektiven Problemen ringend.

Die Ehe – ein Heilsweg

Heil und Wohl müssen zum Verständnis der menschlichen Psychologie begrifflich unterschieden werden. Die Individuation, wie sie C.G. Jung beschreibt, ist derjenige Teil des menschlichen Antriebes, der dem Heil zustrebt.

Die Individuation, der Prozeß und das nie zu erreichende Ziel des Heils können aber letztlich immer nur durch Symbole erlebt und dargestellt werden. Wobei allerdings beizufügen ist, daß die Menschen seit jeher die Erkenntnisse der Psychologie meistens durch Bilder oder Mythen auszudrücken versuchten, denn auch das Handeln der Menschen wird durch Bilder bestimmt, die sie augenblicklich beherrschen. Wir handeln nicht aufgrund scharfer intellektueller Erkenntnis und genauer Überlegungen, sondern aufgrund uns vorschwebender Bilder. Sich bewußt werden heißt die Bilder, die uns leiten, deutlicher sehen. Es ist unser Bestreben, immer wieder über die Bilder, die uns beherrschen, nachzudenken und zu phantasieren.

Auch das Wohl wird in verschiedenen Bildern dargestellt. Das Land der Phäaken, wie es von den Griechen beschrieben wurde, ist ein Bild des Wohles. Es geht dort friedlich zu, und alle Menschen sind scheinbar glücklich. Es fehlt aber die Spannung, die Erregung und das Ringen. Odysseus hielt es im Lande der Phäaken nicht lange aus!

In den Geschichten von Seefahrern stößt man oft auf Beschreibungen solcher »Schlaraffenländer«. Oft wird dargestellt, wie ein Seefahrer irgendwo auf einer Insel landet, wo es genügend zu essen gibt, ihm Frauen zur Verfügung stehen und er den ganzen Tag in der Hängematte liegen kann. Solche »Wohlfahrtsinseln« wurden oft in die Südsee projiziert. Die Geschichten dieser Seefahrer sind eher Darstellungen innerer Bilder als präzise Beschreibungen äußerer Erlebnisse.

Das Charakteristische all dieser Geschichten über glückliche Süd-
seeinseln und andere Schlaraffenländer ist, daß der Erzähler früher
oder später das Land verlassen muß, ja verlassen will. Ganz selten
kann er sich in diesen »Wohlfahrtsorten« wirklich finden und zu
seiner eigenen Seele kommen.

Mit dem Wohle verbunden ist das Bild des sogenannten Natürlichen. Man glaubt, es gebe eine Möglichkeit des natürlichen Verhaltens, es gebe Menschen, die ganz natürlich seien. Der Mensch ist
an sich *unnatürlich*, das heißt, nichts geschieht ihm einfach, er muß
immer phantasieren, überlegen, reflektieren, sich mit seinem Inne-
ren auseinandersetzen und Fragen zum Sein stellen. Nur der
Mensch vor dem Sündenfall war »natürlich«. Das Paradies, wie wir
es uns vorstellen, bevor Adam und Eva in den Apfel bissen, ist ein
Ort des »natürlichen Wohles«.

Die Bilder zum Beispiel, die hinter dem modernen Massentouris-
mus stehen, sind eng verbunden mit dem Wohl und der sogenannten
Natürlichkeit. Die touristische Reklame versucht uns vorzugaukeln,
daß uns die Reiseorganisation an einen Ort hinführen könne, wo wir
alle Spannungen, alles Suchen und Ringen loswerden könnten. Die
Reiseorganisation übernimmt alle Unannehmlichkeiten. Für gutes
Essen und Getränke ist gesorgt. Sonne, Wärme und prächtiger
Strand am Meer werden uns versprochen. In den Reklamen für
solche Kollektivreisen wird meistens auch angedeutet, daß der
Reisende sexuell auf seine Rechnung kommen wird und also auch
hierbei keine Frustrationen ertragen muß.

Heil und Wohl sind allerdings nie völlig getrennt. Es ist möglich,
daß die Menschen, die sich von den großen Reiseorganisationen
solche Wohlfahrts-Paradiese vorgaukeln lassen, vielleicht doch
nicht nur das Phäaken- oder Schlaraffenland suchen, sondern ein
Land, wo sie ihre Seele finden – das Land der Griechen mit der
Seele suchend. Die Beimischung des Heils beim modernen Tourismus ist aber sehr klein; dies ist vielleicht der Grund, weshalb
moderner Tourismus für die Bevölkerung der Gegenden, die Touristen anziehen, oft zu einer kulturellen Katastrophe wird. Die
eingeborene Bevölkerung von großen Touristenorten scheint ihre
Seele zu verlieren; alle kulturellen, religiösen und politischen

Bemühungen und Idealismen erlahmen. Denn die Kultur dient nur dazu, mehr Touristen anzuziehen. Es ist nicht der Kontakt mit einer wesensfremden Bevölkerung, welche die Bewohner von großen Fremdenkurorten korrumpiert; es ist der Kontakt mit großen Massen von Menschen, die im Moment vor allem das Wohl und nicht das Heil suchen, welcher die eingeborene Bevölkerung verunsichert und entwürdigt.

Für uns stellt sich nun die Frage: Hat die Ehe mit dem Wohl oder mit dem Heil zu tun? Ist es eine Heils-Anstalt oder eine Wohlfahrts-Anstalt? Ist die Ehe, dieses »opus contra naturam«, ein Weg der Individuation oder ein Weg zum Wohlbefinden?

Folgendes kann uns einen Hinweis geben: Alle Heiratszeremonien enthalten gewisse religiöse Beiklänge oder Untertöne. Eine sozusagen rein »zivile« Hochzeit gibt es praktisch nie und nirgends. Die »heidnischen« Bewohner von Tahiti und den Fidschi-Inseln, die für ihre sogenannte Natürlichkeit bekannt sind, lassen bei der Eheschließung durch eine Art Priester Gebete an die Götter senden. Bei den Yakuten und Kalmücken muß der Schamane bei der Heirat dabei sein. Bei den alten Ägyptern wird die Eheschließung von bestimmten religiösen Zeremonien begleitet. Aischylos sagt in der Orestie: In der Ehe werden Mann und Weib durch die Götter verbunden. Plato nimmt an, daß eine religiöse Zeremonie für die Heirat notwendig sei. Bei den Hindus spielen Gebet und Anrufungen der Götter bei der Eheschließung eine sehr große Rolle. Auch die kommunistischen Länder versuchen durch pseudoreligiöse Zeremonien der Hochzeit einen gewissen Glanz und Feierlichkeit zu verleihen. Die dortigen Standesämter vermeiden es, daß aus der Eheschließung ein nüchterner Abschluß eines Kontraktes wird.

Man kann einwenden, daß in den meisten Kulturen sehr viele menschliche Tätigkeiten von irgendeiner Art religiöser Zeremonie begleitet werden: sei es nun das Essen, Jagen, Mit-dem-Schiff-Ausfahren und so weiter. Immerhin ist auffällig, daß nicht vieles im Laufe des Lebens so sehr von religiösen Zeremonien umrankt ist wie die Heirat; nur der Tod und die Geburt werden religiös- zeremoniell gleich wichtig genommen. Allerdings wurde immer wieder gegen die religiöse Note der Eheschließung opponiert. Da jeder auf seine Facon selig werden soll, muß die zwanghafte Verbindung von irdischer Handlung und bestimmter Heilszeremonie auf Ablehnung stoßen.

Gewisse Buddhisten verstehen die religiösen Zeremonien bei der Eheschließung nur als Konzession gegenüber der menschlichen Schwäche. Eigentlich, so glauben sie, sei die Ehe lediglich ein ziviler Vertrag. Im späten Römischen Reich wird die Ehe immer mehr jeglicher religiöser Bedeutung entkleidet und zu einem reinen Vertragsverhältnis. Die religiösen Zeremonien werden als Heimatschutzgebräuche angesehen. Im Talmud finden sich Stellen, die betonen, daß die Ehe kein religiöser Vertrag sei. Luther erklärt, die Ehe sei eine Angelegenheit der Juristen, nicht der Kirche.

Dem steht aber entgegen, daß bei den Buddhisten die Ehe von vielen religiösen Zeremonien begleitet wird, auch die Juden haben während ihrer langen Geschichte die Eheschließung stets mit religiösen Feiern verbunden, und Luther sagte: »Gott hat ein Kreuz über die Ehe gemacht.« Auch die Reformation Zwinglis in Zürich versuchte die Eheschließung möglichst zivil zu gestalten. Der Druck der Bevölkerung erreichte jedoch, daß die Heirat wieder eine religiöse Zeremonie wurde.

Ganz extrem wurde der zivile Charakter der Ehe im puritanischen Schottland betont. Bis 1856 war dort für eine Heirat allein die Willenserklärung der beiden Partner notwendig; von jeglicher Zeremonie wurde abgesehen.

Die katholische Kirche formulierte erst am Konzil von Trient (1563) ausdrücklich die Sakramentalität der Ehe. Sie ist ein Symbol für die innige Verbindung Christi mit der Kirche. Die Ehe kann deshalb im Normalfall nur unter Assistenz eines Priesters gültig geschlossen werden.

Im Jahr 1791 führte Frankreich die rein zivile Ehe ein. »La loi considère le mariage comme contract civil« hieß es. Indessen wird, wie in der DDR heute, die Zivilheirat außerordentlich feierlich gestaltet. Der Zivilstandesbeamte hat eine seidene Schärpe um den Bauch und imitiert in seinen Bewegungen den Pfarrer. Eine Zivilheirat in Frankreich ist oft feierlicher als eine kirchliche in Zürich.

Ist vielleicht die Anwesenheit von Transzendentalem in den meisten Ehezeremonien – und dies trotz großen Widerstandes – ein Hinweis darauf, daß die Ehe viel mehr mit dem Heil als mit dem Wohl zu tun hat? Ist die Ehe deshalb eine derart schwierige »unnatürliche Institution«?

Die lebenslange Auseinandersetzung zweier Partner, die Verbindung von Mann und Frau bis zum Tod, kann als ein spezieller Weg, seine Seele zu finden, verstanden werden, als eine spezielle Form der Individuation. Einer der wesentlichen Züge dieses Heilsweges ist das Nichtausweichenkönnen. So wie der Wüstenheilige nicht vor sich selber ausweichen kann, können die Eheleute ihrem Partner nicht ausweichen. In diesem zum Teil erhebenden und zum Teil quälenden Nichtausweichenkönnen liegt das Spezifische dieses Weges.

In der christlichen Vorstellung des Heils spielt die Liebe eine wichtige Rolle. So mag es vielleicht verwundern, daß ich bis jetzt im Zusammenhang mit der Ehe die Liebe nur am Rande erwähnt habe. Das Wort Liebe umfaßt sehr verschiedene Phänomene, die vielleicht alle denselben Ursprung haben, aber doch unterschieden werden müsse. Die Ehe ist einer der Heilswege der Liebe; einer Liebe allerdings, die nicht unbedingt identisch ist mit dem, was der lose Knabe Cupido anstellt. Dieser ist unberechenbar, launisch, ungebunden. Das ganz Besondere an der Liebe, die den Heilsweg der Ehe kennzeichnet, ist die »widernatürliche« Dauerhaftigkeit. »For better or worse, for richer or poorer, in sickness and in health, until death do us part.« – (»Zum Guten und zum Schlechten, in Armut und Reichtum, in Krankheit und Gesundheit, bis der Tod uns trennt.«) – Immer wieder sieht man bejahrte Ehepaare, bei denen der eine Partner geistig und körperlich rüstig ist, der andere körperlich krank und geistig reduziert. Und doch lieben sich beide, nicht aus Mitleid oder Schutzbedürfnis. In solchen Fällen zeigt sich die ganze Widernatürlichkeit und Größe dieser Art von Liebe, die der Heilsweg der Ehe verlangt. Die Liebe, auf der die Ehe beruht, transzendiert die »persönliche Beziehung«, ist mehr als nur Beziehung.

Jeder muß seinen eigenen Heilsweg suchen. Ein Maler findet ihn im Malen, ein Mönch im Kloster, ein Ingenieur im Kraftwerkbau usw. Oft beschreiten Menschen einen Heilsweg, der sich nicht als der ihrige erweist. Schon mancher glaubte ein Künstler zu sein und fand dann heraus, daß seine Berufung anderswo liegt.

Ist denn die Ehe aber der Heilsweg aller? Gibt es nicht Leute, deren seelische Entwicklung durch die Ehe nicht gefördert wird? Wir verlangen nicht von jedem, daß er sein Heil, sagen wir, in der Musik findet. Ist es in diesem Sinne nicht auch fraglich, daß mancher meint, er müsse sein Heil in der Ehe finden? Niemandem fällt es ein, zu verlangen, daß die Mehrzahl der Menschen Künstler werden sollen. Aber es wird erwartet, daß ein normaler Mensch nach einem bestimmten Alter heiratet. Nicht heiraten, so wird von vielen angenommen, ist abnormal. Ältere ledige Menschen werden als infantile Kümmerentwicklungen bezeichnet; ältere Junggesellen werden der Homosexualität verdächtigt, und bei Frauen vermutet man mangelnde Anziehungskraft. »Das arme Ding konnte halt keinen Mann finden.« Es herrscht ein eigentümlicher Terror im Sinne von: Alle müssen heiraten. Hier liegt vielleicht eines der ganz großen Probleme der modernen Ehe.

Der Heilscharakter der Ehe wird heute immer wichtiger; immer mehr wird die Ehe zu einem Heilsweg und immer weniger zu einer Wohlfahrtsanstalt – immer mehr zu einer Berufung. Es glauben nicht alle, sie müßten ihr Heil im Geigenspielen finden. Weshalb glauben aber so viele, sie seien zur Ehe berufen? Ein solches Dominieren eines Heilsweges ist für viele verderblich. Heute sind unzählige Menschen verheiratet, welche in der Ehe nichts zu suchen haben.

Trotz gewisser gegenteiliger moderner Bewegungen wird die Ehe rein sozial höher geschätzt als der Stand der Ledigen. Dies war nicht zu allen Zeiten so. Im Mittelalter wurde die Ehelosigkeit hoch geschätzt. Die Berufung zur Nonne oder zum Mönch wurde als eine von vielen Heilsmöglichkeiten hochgeachtet. Namentlich für die Frauen war aber leider die Ehelosigkeit mit Asexualität verknüpft. Gegenüber Männern war die Gesellschaft meistens toleranter; sexuelles Ausleben wurde ledigen Männern selten übelgenommen.

Es ist heute an der Zeit, die Möglichkeiten des ehelosen Standes, die Möglichkeiten für Leute, die ihr Heil nicht in der Ehe, sondern anderswo suchen, zu fördern – dies würde auch die Ehe wieder wertvoller machen. Die soziale Stellung und die materielle Sicherung der Ehelosen muß verbessert werden; es sollte möglich werden, Kinder außerhalb der Ehe zu haben. Das Ziel wäre, daß nur noch diejenigen Leute heiraten, die speziell begabt sind, ihr Heil in der intensiven *dauernden* Beziehung und Auseinandersetzung von Mann und Frau zu finden. Es gibt sehr viele Frauen, die im Grunde genommen nur Kinder, aber keinen Mann wollen. Für solche ist es eine Tragödie, wenn sie sich ein Leben lang mit einem Mann herumschlagen müssen, der sie nicht im geringsten interessiert.

Die moderne Ehe ist nur möglich, wenn dieser spezielle Heilsweg vermocht und gewünscht wird. Das Kollektive drängt aber noch immer viele Leute dazu, aus Gründen des Wohls zu heiraten. Viele junge Mädchen heiraten, um dem Druck des Berufslebens auszuweichen; Männer, weil sie jemanden suchen, der sie umsorgt. Nur ganz wenige Ehen können aber »bis zum Tod« dauern, wenn sie als Wohlfahrtsinstitut verstanden werden.

Wie ich bereits erwähnte, sind heute gewisse Gegenbewegungen am Werk; Women's Lib zum Beispiel möchte die Frau vom Terror befreien, heiraten zu »wollen« oder zu müssen. »Frauen brauchen Männer nicht« ist eine ihrer Parolen. Leider aber ist – oder war – Women's Lib oft männerfeindlich.

Laut den neueren Statistiken wird heute in vielen westlichen Ländern etwas weniger und auch später geheiratet. Vielleicht bahnt sich hier eine neue Entwicklung an: Ehe wird zur Berufung für einige und nicht zur Pflicht aller. Viele junge Leute leben zusammen ohne zu heiraten; auch darin könnte eine Anerkennung des Gedankens liegen, daß Ehe nicht für alle der Heilsweg ist. Ob all dies aber wirklich ein neues Erfassen der Ehe bedeutet, ist nicht mit Sicherheit zu sagen. Es könnte auch der Ausdruck eines kollektiven Pessimismus sein, eines Verlustes an Glauben an irgendeinen Heilsweg.

Und hier müssen wir auf weitere Schwierigkeiten der modernen Ehe eingehen. Wie ich betont habe, ist die moderne Ehe vor allem eine Heils- und nicht eine Wohlfahrtsanstalt. Es wird den Leuten aber von Psychologen, Eheberatern, Psychiatern usw. immer wieder dargelegt: Nur glückliche Ehen sind gute Ehen, oder: Ehen *sollten* glücklich sein. In Wahrheit ist es so, daß jeder Heilsweg auch durch die Hölle führt. Glück in dem Sinne, wie es den heutigen Eheleuten eingeredet wird, gehört zum Wohl, nicht zum Heil. Die Ehe ist vor allem eine Heilsinstitution, deshalb ist sie so voller Höhen und Tiefen; sie besteht aus Opfern, Freuden *und* Leiden. Zum Beispiel stößt jeder Ehepartner nach einiger Zeit auf die psychopathische Seite seines Partners, nämlich auf denjenigen Teil seines Charakters, der nicht veränderbar ist, der jedoch für beide qualvolle Folgen hat. Damit die Ehe nicht zerbricht, muß dann der eine nachgeben, meistens gerade derjenige, der in dieser Beziehung weniger psychopathisch ist. Ist der eine Partner gefühlskalt, so bleibt dem anderen nichts anderes übrig, als immer wieder liebend Gefühle zu zeigen, auch wenn der andere nur schwach und oft unadäquat darauf reagiert. All die gutgemeinten Ratschläge an Frauen und Männer im Sinne von »Das geht einfach nicht, das müssen Sie sich nicht bieten lassen, das darf sich eine Frau/ein Mann nicht gefallen lassen« sind deshalb falsch und schädlich.

Eine Ehe funktioniert nur, wenn man sich gerade das, was man sich sonst nicht bieten lassen würde, bieten läßt. Durch das Sichaufreiben und Sichverlieren lernt man sich selber, Gott und die Welt kennen. Wie jeder Heilsweg ist auch derjenige der Ehe hart und beschwerlich. Ein Schriftsteller, der bedeutende Werke schafft, will nicht glücklich werden, er will schöpferisch sein. In dem Sinne können Eheleute selten eine glückliche, harmonische Ehe führen, wie es ihnen Psychologen aufdrängen oder vorgaukeln. Der Terror des Bildes der »glücklichen Ehe« richtet großen Schaden an.

Für denjenigen, der für den Heilsweg der Ehe begabt ist, bietet natürlich die Ehe, wie jeder Heilsweg, nicht nur Mühe, Arbeit und Leiden, sondern tiefste Befriedigung existentieller Art. Dante kam nicht in den Himmel, ohne die Hölle zu durchqueren. Und so gibt es auch kaum vor allem glückliche Ehen.

Männliches und Weibliches harmonieren nicht

Um die moderne Ehe besser zu verstehen, müssen wir noch einige Betrachtungen über das Phänomen des Weiblichen und Männlichen und über das Verhältnis Mann – Frau anstellen. Was sind wir eigentlich, wir Männer und Frauen, wir Menschen? Was bestimmt unser tägliches Verhalten? Ich werde versuchen, nur auf einige Gesichtspunkte einzugehen, die für unser Thema wichtig sind.

Die Aktivitäten der Tiere werden zum Teil von angeborenen Verhaltensmustern bestimmt. Äußere Stimuli provozieren oder lösen gewisse angeborene Verhaltensmuster aus. In der Regel sind diese adäquat und nützlich in der Situation, die durch bestimmte Reize charakterisiert ist. Durch den Ablauf dieser Verhaltensmuster wird das Leben der Art und des Individuums erhalten. Im Frühling bewirken gewisse Stimuli, daß nach ganz bestimmtem Schema einige Vogelarten Nester bauen. Sind die Eier ausgebrütet und sehen die Eltern offene Schnäbel, so wird das Verhaltensmuster des Fütterns eingeleitet. Äußere naturgegebene Stimuli können durch künstliche Apparate ersetzt werden und erreichen denselben Effekt. Ein männlicher Vogel führt, wenn ein Weibchen erscheint, ein gewisses Werbungsritual aus. Aber der weibliche Vogel wird von ihm nur als ein Ding wahrgenommen, welches charakterisiert ist durch eine gewisse Form und durch Farben oder vielleicht nur durch einen bestimmten Ton; schon dieser Ton allein kann das Verhaltensmuster der Werbung auslösen. Dies ist nicht nur bei den Vögeln so. Folgende Geschichte mag dies illustrieren: In Kanada beobachtete man, daß zur Brunstzeit männliche Elche sich kopfvoran gegen den fahrenden Zug stürzten. Man fand dann heraus, daß das Pfeifen der Lokomotive dem Röhren eines brünstigen Elchs ähnlich war und es deshalb zu einem »Zweikampf« zwischen Lokomotive und

Elch kam. Das Verhalten ist also nicht das Resultat von bestimmten Überlegungen. Das Tier reagiert »instinktiv«, aber nicht im Sinne eines vagen, unbestimmten Dranges, sondern im Sinne eines Ablaufes von genau geregelten Verhaltensmustern, die meistens in bezug auf die Situation sinnvoll sind.

Menschen sind anders, doch nicht völlig anders. Auch sie tragen in sich angeborene Verhaltensweisen; wir nennen sie Archetypen. Der Unterschied zu den angeborenen Reaktions- oder Verhaltensschemen der Tiere ist folgender:

Die Verhaltensmuster der Menschen sind erstens meistens komplizierter und im Detail weniger präzis als diejenigen der Tiere. Es handelt sich bei den Verhaltensmustern der Menschen eher um allgemeine Richtlinien, die im Hintergrund des Verhaltens wirken. Zweitens scheinen die Verhaltensmuster der Menschen zwar zahlreicher zu sein, werden aber während eines Menschenlebens nicht sämtlich gebraucht; viele liegen brach. Jeder Mensch hat sehr viele Verhaltensmuster in sich, die in seinem ganz speziellen Leben kaum eine Rolle spielen. Und drittens – und dies ist nun von ganz entscheidender Bedeutung – ist der Mensch fähig, diese Verhaltensmuster zu betrachten, über sie zu reflektieren; hie und da gelingt es ihm, diese Archetypen etwas dem Bewußtsein anzunähern. Dies geschieht allerdings meistens nicht durch logisches Denken und Überlegen, sondern durch Bilder, Symbole, Mythologien, Geschichten usw. Der Mensch ist ein Tier, das Symbole schafft.

All dies dürfte dem Leser einigermaßen bekannt sein. Trotzdem herrscht nun in bezug auf das Männliche und Weibliche einige Verwirrung und Unklarheit. Daß es nicht nur *einen* weiblichen Archetyp und einen männlichen Archetyp gibt, sollte allerdings klar sein. Es gibt Dutzende, wenn nicht Hunderte von weiblichen und männlichen Archetypen. Auf alle Fälle viel mehr, als wir uns gewöhnlich vorstellen. Aber nicht alle Archetypen sind in einer bestimmten Zeit des Lebens des einzelnen dominant. Auch jede historische Epoche hat ihre dominanten männlichen und weiblichen Archetypen. Frauen – und natürlich auch Männer – werden nur von einer Auswahl von Archetypen bestimmt. Das Verhalten bestimmen nämlich diejenigen Schemata, welche im Moment in der kollektiven Psyche dominierend sind. Dies führt nun zu einem grotesken, aber verständlichen, häufigen Irrtum: Die zur Zeit dominierenden weiblichen – oder männlichen – Archetypen werden in der Regel als die weiblichen – männlichen – Archetypen verstanden. Und von dieser beschränkten Zahl von Archetypen wird abgeleitet, was »das Männliche« oder »das Weibliche« sei. Dieses Mißverständnis hat dazu geführt, daß zum Beispiel in der Jungschen Psychologie behauptet wurde, das Männliche sei mit dem Logos identisch, das Weibliche mit dem Eros. Und: das weibliche Wesen sei mehr persönlich, mehr bezogen auf die Mitmenschen, mehr passiv, mehr masochistisch, das männliche mehr abstrakt, mehr intellektuell, mehr aggressiv, sadistischer, aktiver usw. Diese Aussage konnte nur deshalb gemacht werden, weil die zur Zeit und in der betreffenden Kultur gerade dominierenden weiblichen oder männlichen Archetypen als die einzig existenten verstanden wurden.

Von den zahlreichen weiblichen Archetypen möchte ich hier nur einige wenige erwähnen. Da ist einmal der mütterliche Archetyp in seiner irdischen Form, nährend und schützend einerseits, verschlingend andererseits. Oder in seiner geistigen Form inspirierend, aber auch zum Wahnsinn und zum Tode treibend.

Ein etwas unheimlicher Archetyp wird in der auf tausend Arten gemalten und bildhauerisch dargestellten »mater dolorosa« symbolisiert. Es ist dies die Frau, die ihren Sohn verloren hat, die Mutter, deren Sohn durch ein Unglück frühzeitig verstarb oder im Krieg umkam, die Mutter des abgestürzten Fliegers. Solche Mütter identifizieren sich oft so sehr mit den Archetypen der »mater dolorosa«, daß sie sich anderen Frauen überlegen vorkommen.

Der Archetyp der Hera, der Gattin des Himmelsvaters Zeus, ist uns bekannt als das Symbol der eifersüchtigen Gattin, grausam gegen alles, was den Gatten ablenkt.

Ein anderer Archetyp ist derjenige der Hetäre, der ungebundenen Begleiterin des Mannes in sexueller Lust, in Witz und Gelehrtheit, heute etwa projiziert auf eine Schauspielerin wie Shirley McLaine: intellektuell, unabhängig, aber nicht männerfeindlich.

Wiederum ein anderer weiblicher Archetyp wird durch Aphrodite symbolisiert, die Göttin der reinen sexuellen Lust, der Archetyp der Geliebten, gesehen in der kindlich unbezogenen Raquel Welsh.

Athena stellt einen sehr interessanten weiblichen Archetypus dar: Die weise, tüchtige Frau, selbständig, unsexuell, aber den Männern helfend. Diese Rolle wird oft von den Ehefrauen der Präsidenten der USA gespielt.

Gewisse Witwen und geschiedene Frauen scheinen oft auch etwas Archetypisches an sich zu haben. Sie sind unabhängig, der Mann ist weg, man gewinnt den Eindruck: Gott sei Dank. Die Beziehung zum verstorbenen Mann ist diejenige der Siegerin zum Besiegten.

Diese Archetypen sind alle mehr oder weniger bezogen auf den Mann als Gatten oder Geliebten, auf die Kinder oder die Familie. Wären dies die einzigen weiblichen Archetypen, so könnte man mit Recht behaupten,das weibliche Wesen zeichne sich durch den Eros, durch Bezogenheit, aus.

Weibliche Archetypen, die von den Männern – zumindest als Gatte oder Geliebter – und den Kindern losgelöst sind und nichts mit ihnen zu tun haben, sind genauso wichtig, jedoch dem kollektiven Bewußtsein weniger nahe.

Da ist der Archetyp der Amazone, der weiblichen Kriegerin. Sie braucht die Männer nur, um Kinder zu zeugen. Nach gewissen Berichten raubten die Amazonen Männer und schliefen mit ihnen, damit sie schwanger würden; hatten die Männer ihre Funktion erfüllt, so wurden sie umgebracht. Nach einer anderen Version gebrauchten die Amazonen die Männer nicht nur, um Kinder zu zeugen, sondern auch um den Haushalt zu führen, zu kochen und die Kinder zu erziehen. Die Amazonen lieben das Erobern, und sie fühlen sich wohl in der Gesellschaft anderer Frauen. Es ist der Archetyp der unabhängigen Geschäfts- und Berufsfrau, die Männer ablehnt. Wir kennen noch einen Archetyp der einsamen Amazonin, der älteren oder jüngeren Frau, die es liebt, allein herumzureisen, Leute zu besuchen, die sich aber an nichts attachieren will, Männern mit Mißtrauen begegnet, sich aber wohlfühlt unter Frauen, ohne lesbisch zu sein.

Ein anderer weiblicher Archetyp ist derjenige der Artemis. Auch sie ist den Männern feindlich gesinnt. Sie will nicht von ihnen beobachtet oder erkannt werden. Männer, die sich an sie heranpirschen, müssen sterben. Wenn Artemis eine Bezugsperson hat, so ist dies höchstens ihr Bruder Apollo. Viele Frauen sind affektiv nur auf ihren Bruder bezogen, wollen aber sonst weder von Mann noch von Kind etwas wissen. Dies kann nicht nur als das Resultat einer neurotischen Entwicklung verstanden werden, sondern auch als das Ausleben eines möglichen weiblichen Archetyps.

Ein anderer, nicht auf Männer oder Kinder bezogener Archetyp ist derjenige der Vestalin, der Nonne oder der Priesterin. Diese Frauen geben ihr Leben Gott oder opfern sich für irgend etwas auf, nicht aber einem Manne und nicht den Kindern.

Wir können vermuten, daß es genausoviele weibliche Archetypen gibt, die nicht auf Gatte, Geliebten oder Kinder bezogen sind wie solche, die dem Sexuellen und dem Familien-Eros dienen. Genaueres Studium der archetypischen Möglichkeiten des Menschen könnte sehr viel zum Verständnis der sogenannten Neurosen beitragen. Eine allzu enge Vorstellung von dem, was der Mensch sein sollte, hindert uns, die ungezählten möglichen archetypischen Variationen des menschlichen Verhaltens zu verstehen. Viele sogenannte neurotische Fehleinstellungen sind nicht nur das Resultat einer ungünstigen seelischen Entwicklung, so wie wir es in der Regel verstehen, sondern das Bild eines bestimmten Archetypus, der nicht mit gutem Gewissen gelebt werden kann, da er von der Kollektivität abgelehnt wird. Es werden fast sämtliche archetypischen Verhaltensweisen der Frauen, die sich nicht auf Männer beziehen, als irgendwie »nicht sein sollend«, neurotisch oder krankhaft angesehen. Es muß nicht unbedingt neurotisch sein, wenn Mann oder Kind nicht im Zentrum des Interesses einer Frau stehen. Amazone, Artemis, Vestalin usw. sind mögliche weibliche Verhaltensweisen, archetypisch begründet und nicht notwendig zur Psychopathologie gehörend.

Archetypen benötigen bestimmte Umstände oder geistige Strömungen, bestimmte Zeiterscheinungen, um aktiviert und gelebt zu werden. So gab es Zeiten und Situationen, in denen der Archetypus des Künstlers nicht zur Geltung kam; oder: in Friedenszeiten spielt der Archetyp des Kriegers keine große Rolle. Ein sehr dominierender weiblicher Archetyp ist derjenige der Mutter; dieser wurde zu fast allen Zeiten recht kräftig gelebt und dominierte das Verhalten der meisten Frauen. Kinder brauchen Mütter; ohne diese würde die Menschheit aussterben.

Wie ist die archetypische Lage heute, namentlich für Frauen? Welche Archetypen dominieren? Welche haben etwas von ihrer Bedeutung verloren? Auffällig ist in Westeuropa die Verminderung der Dominanz des Archetypus der Mutter in den letzten 10 bis 15 Jahren. Ich vermute allerdings, daß in vielen historischen Hochkulturen für bestimmte soziale Schichten dieser Archetypus auch an Bedeutung verloren hatte, so etwa für die oberen sozialen Schichten des römischen Kaiserreiches oder für den französischen Adel des 18. Jahrhunderts.

Heute haben wir in Westeuropa und einigen anderen industrialisierten Ländern diesbezüglich eine sehr interessante Situation. Wenn Kinder auf die Welt kommen, haben sie eine große Chance, über 70 Jahre alt zu werden. In früheren Zeiten erreichten nur wenige Kinder das Erwachsenenalter, es war deshalb für das Überleben der Menschheit nötig, daß die einzelnen Frauen möglichst viele Kinder gebaren. Ganz allgemein starben früher aber auch diejenigen, die einmal das 20. Lebensjahr erreicht hatten, ziemlich jung. Das heißt, die meisten Frauen starben, bevor es ihnen überhaupt möglich war, in ein Alter zu kommen, in welchem der Mutterarchetyp nicht mehr so wichtig sein mußte. Es ist also heute so, daß die durchschnittliche Frau in Westeuropa vielleicht zwei bis drei Kinder gebärt, die ihr dann, wenn sie will, nach dem 45. Lebensjahr nicht mehr alle Energie beanspruchen.

Früher war es ferner nur den Reichen möglich, mit Hilfe von Dienern und Mägden, nicht allzu viel Energie für die Pflege der Kleinkinder zu verlieren. Nun sind zwar auch bei den sehr Reichen Mägde und Diener selten geworden. Dafür ist es aber so, daß wenigstens in Westeuropa die Frauen aller Klassen weniger durch Haushaltsarbeiten belastet werden dank einer Verbesserung der Haushaltstechnik. Auch die Betreuung kleinerer – wenn auch nicht der kleinsten – Kinder verlangt heute weniger Mühe und Arbeit. Da nun der Mutter-Archetyp und der Hera-Archetyp weniger dominierend sind, gibt dies andern Archetypen mehr Platz. Zahlreiche andere Archetypen erhalten seelische Energie; der heutigen Frau stehen mehr Möglichkeiten zur Verfügung, die allerverschiedensten Archetypen zu beleben.

Merkwürdigerweise ist die Situation für die Männer nicht ganz dieselbe. Für diese hat sich nicht viel geändert. Seit vielen Jahrtausenden hatten die Männer mehr archetypische Möglichkeiten als die Frauen. Der Archetyp des Ares, des einfachen, brutalen Kriegers und Soldaten, stand ihnen schon immer zur Verfügung, aber auch derjenige des Odysseus, des schlauen Kriegers und des Gatten; der Archetyp des Priesters, des Gotteskundigen, war für die Männer schon immer lebbar. Der Archetypus des Medizinmannes, des Arztes, derjenige des Hephaistos, des klugen Technikers, derjenige des Hermes, des schlauen Händlers und Diebes, waren ihnen unter vielen andern nicht verschlossen. Aber durch die Tatsache, daß heute die Frauen mehr archetypische Möglichkeiten haben, stehen dem Manne nicht automatisch auch mehr Möglichkeiten zur Verfügung als früher. Der Mann ist auch heute noch sehr an seine Rolle als Ernährer gebunden, dies schränkt seine Möglichkeiten ein. Die archetypischen Möglichkeiten der Männer sind nicht mehr viel zahlreicher als diejenigen der Frauen; für die Frauen ist aber dieses große Angebot etwas Neues; deshalb gehe ich mehr auf die weiblichen als auf die männlichen Archetypen ein.

Die Frauen, die bis jetzt nur von sehr wenigen Archetypen in ihrem Verhalten bestimmt wurden, werden allmählich von immer mehr angeregt. Leider zeigt sich hier nun aber eine sehr unglückliche, schwierige Komplikation, die wir kurz erwähnen möchten. Der Übergang von einem Archetypus zu einem andern, oder die Erweckung neuer, bisher vernachlässigter Archetypen, ist immer sehr schwierig. Wir kennen solche Übergänge in jeder Lebensgeschichte. In der Pubertät tritt der Archetypus des Kindes in den Hintergrund, und der Archetypus des Mannes taucht auf. Mit 50 Jahren wiederum wird dieser Archetypus langsam durch den Senex verdrängt. Wenn nun ein Archetypus vom andern abgelöst wird, so haben wir im einzelnen Leben sogenannte Übergangsdepressionen; dies sind die bekannten Depressionen während der Pubertät und im Alter zwischen 45 und 55. Diese Art von Depressionen in der Lebensgeschichte des Einzelnen sind zu bewältigen, da wir ja genau wissen, von welchem Archetypus der bisherige abgelöst wird.

Die heutige schwierige kollektive Situation der Frauen kann aber nicht einfach als Parallele zu einer individuellen Übergangsdepression angesehen werden. Zur Erhellung dieser Tatsache zuerst einige kurze psychologische Ausführungen: Alles, was wir sind, sind wir durch die Ausarbeitung, durch das Erlebnis und die Verfeinerung und Vermenschlichung des Archetypus. Wir können nie aus dem Archetypus hinausspringen. Allemal bestimmt archetypisches Verhalten unsere Aktivitäten. Dieses Verhalten können wir kultivieren, können es in Bilder fassen, können uns dessen bewußt werden und es gestalten. Wir können aber selten in wichtigen Angelegenheiten sozusagen vom Ich her handeln. Oder anders gesagt: Wir erleben unser Handeln nur dann als sinnvoll, wenn es mit den archetypischen Grundlagen verbunden ist. Eine Mutter kann nie zufriedenstellend als Mutter funktionieren, wenn sie dies nur aus Überlegung oder auch nur vom Gefühl her tut. Sie kann nicht ein nur persönliches Verhältnis zum Kind haben. Ihr Verhältnis zum Kind ist grundsätzlich unpersönlich archetypisch. Es geht einfach um »Mutter und Kind«, und nur auf diesem Archetyp kann die persönliche Beziehung »Mutter-Kind« aufgebaut werden.

Wir sind auch nicht fähig, mit dem bewußten Ich, durch Entscheidungen einen Archetyp zu wählen. Dieser ist uns gegeben durch die äußere Situation und durch das kollektive Unbewußte. Diejenigen Archetypen, die im Kollektiven herrschen, beherrschen auch uns. Welche kollektiven Archetypen herrschen, zeigt sich in den dominierenden Bildern, Mythologien und Figuren in Film, Reklame, populären Geschichten und so fort. Im folgenden einige Beispiele: Elisabeth II., Symbol des Archetypus der Königin und Gattin; Jacqueline Kennedy, die durch Männer zu Ruhm und Reichtum Gelangende; Ex-Kaiserin Soraja, die frei Liebende; Elizabeth Taylor, die männerkonsumierende Schönheit; James Bond, der die Technik beherrschende, Frauen verbrauchende Abenteurer; die orgiastischen Beatsänger, wie einst Dionysos, von ihren rasenden weiblichen Anhängern beinahe zerrissen; die tricksterhafte Mickey

Mouse; der homerisch blagierende Held Cassius Clay; der moderne Prometheus Einstein. Die Lage der Frauen ist heute deshalb besonders schwierig, weil sich die Frauen von einer kleinen Gruppe von Archetypen ablösen und sich einer größeren Gruppe annähern; die neue Gruppe von Archetypen ist aber noch nicht deutlich sichtbar – insofern ist die Lage anders als bei einer individuellen Übergangsdepression. *Heute* ist die Situation so, daß die Frauen etwas verloren sind; der alte Kontinent verschwindet, der neue ist noch nicht recht sichtbar. Der Übergang bringt eine archetypische Leere mit sich. Und diese archetypische Übergangssituation ist auch eine der Ursachen, weshalb so viele Frauen sich *selber* finden möchten, den Wunsch haben, sich selber zu sein, nur *sich* zu leben. Immer wieder kommen Frauen zum Psychologen, zum Eheberater oder zum Psychiater und erklären ihm, sie seien unzufrieden, traurig und möchten nun endlich einmal ihr eigenes Leben leben, sie selber sein oder sich selber finden. Die sogenannte Selbstfindung der Frau über 40 ist heute ein sehr beliebtes Thema von Frauenzeitschriften und populären psychologischen Vorträgen.

Dieses *Sichselbersein* gibt es jedoch nicht. Das Reden davon ist der Ausdruck des Verlorenseins, einer Verzweiflung und einer Depression kollektiver Art. Zu sagen: Ich will nur ich selber sein, ist ungefähr so sinnvoll wie zu sagen, ich will meine eigene Sprache sprechen. Man muß sich in der Sprache ausdrücken, die einem von Kindheit an gegeben wurde oder in einer, die man später erlernte. Aber man kann nicht eine »eigene« Sprache sprechen. Erstens ist man zu wenig begabt, um eine solche zu erfinden, und zweitens würden einen die andern nicht verstehen. Und so können wir uns auch nicht selber finden, sondern wir können uns nur durch archetypisches Rollenspiel ausdrücken; und darin können wir uns – vielleicht – finden.

Sicher, eine neue Freiheit wird sich für die moderne Frau konstellieren. Die Frau ist zum Teil schon heute in der Lage, sich von mehr archetypischen Rollen anregen zu lassen als früher. Sie kann Mutter sein, Geliebte, Kameradin, Amazone, Athene.

Ich wage es im Moment nicht, aus allen bekannten weiblichen Archetypen »das Weibliche« und aus allen männlichen »das Männliche« zu abstrahieren. Es bedarf dazu Psychologinnen, die das Weibliche nicht einfach als gute Schülerinnen eines Meisters durch die männliche Brille studieren. Sicher ist nur, daß Schluß sein muß mit der einfachen Gleichung: Weiblich = Eros, Bezogenheit; männlich = Logos, Intellekt, Aktivität. (Athene stellt zum Beispiel eine weibliche Form der Intellektualität dar, die nicht als »Animus« verstanden werden kann.) Schluß ist auch mit der biologistischen Aussage: Eine Frau erfüllt sich eigentlich nur dann, wenn sie gebären und Kinder erziehen kann.

Die vielen neuen archetypischen Möglichkeiten, die am Horizont auftauchen, haben eine weitere interessante Wirkung: Furcht vor der Vielfalt der archetypischen Möglichkeiten. Die Frauen sind gewohnt, von nur wenigen Archetypen bestimmt und geleitet zu werden. Die neue Vielfalt, die am archetypischen Horizont erscheint, macht viele unsicher; sie fühlen sich getrieben, sich weiter an möglichst *wenige* Archetypen zu klammern. Für viele Jahrhunderte dominierte der Archetyp der Hera die Frauen. Heute beginnt der Archetyp der berufstätigen Frau einseitig die Frauen zu beherrschen. Frauen stehen unter einem kollektiven Zwang zu arbeiten, sobald der Mutter-Archetyp einmal ausgelebt ist. Statt sich gelöst der Vielfalt der Archetypen hinzugeben, unterwerfen sie sich oft völlig dem Bild der berufstätigen Frau und glauben »Erfüllung« zu finden, selbst in der langweiligsten Berufstätigkeit, der sie sich oft ohne wirtschaftliche Notwendigkeit hingeben. So manche der Last von Kleinkindern frei gewordene 50jährige Ehefrau opfert ihre Freiheit zwanghaft einer langweiligen, untergeordneten Berufstätigkeit. Dieser Berufstätige-Frau-Archetypus ist eng verbunden mit den technischen, rationalen, utilitaristischen »Göttern« unserer Zeit. »Ich möchte etwas Nützliches tun«, hört man häufig.

Bricht aber der ganze Reichtum des neuen archetypischen Spektrums einmal durch, so wird sich die Beziehung zwischen Männern und Frauen in vielfacher Hinsicht neu gestalten. Es werden viel mehr und ganz verschiedene archetypische Beziehungen zwischen Mann und Frau ausgelebt werden: Hera – Zeus, herrschsüchtige Gattin, brutaler Ehemann; Philemon – Baukis, zärtlich treues Ehepaar; Ares – Aphrodite, Verhältnis zwischen der die Brutalität bewundernden, sinnlichen Frau und dem Schönheit anbetenden Rauhbein; Zeus und die Nymphen, der detachierte, den sexuellen Rausch liebende Mann mit zahlreichen Freundinnen; Aphrodite und ihre vielen Liebhaber usw. Zeus und Hera sind im Olymp als Mister President und First Lady zu verstehen. Ihre Vormachtstellung wird sich verringern, was ungezählten neuen Göttern und Göttinnen die Gelegenheit gibt, sich zu entfalten oder zu erscheinen; Zeus und Hera werden dennoch ein sehr geachtetes Paar bleiben.

Archetypen, die bis jetzt oft in die Unterwelt der Pathologie verwiesen wurden, können intensiver ausgelebt werden; das Verhältnis Odysseus' zu Athene wird nicht mehr als Mutterkomplex pathologisiert werden; Männer werden sich auf asexuelle Art auf weise Frauen beziehen können; der Archetyp der Geschwister darf wieder erlebt werden. Die Artemis-Apollo-Beziehung, die innige, dauernde, alles überschattende Liebe zwischen Schwester und Bruder, wird nicht als Inzest oder ungesunde Bindung verdammt werden. – Übrigens noch in Königin Viktorias Zeiten wurden Geschwisterbeziehungen interessanterweise weniger pathologisiert, als Inzest verstanden, als heute. Aber auch kämpferische, das Männliche hassende weibliche Archetypen werden sich gestalten, die Amazonen werden Anerkennung finden. Es wird Frauen geben, die offen nur Mutter sein wollen, nicht Gattin. Weibliche Archetypen werden gelebt werden, die überhaupt nicht auf Mitmenschen, nur auf Beruf bezogen sind: Wissenschaftlerinnen, Künstlerinnen.

Das ist Zukunftsmusik! Im Moment stehen die Frauen, und dadurch auch die Beziehungen zwischen Männern und Frauen, in einer archetypischen Übergangsunsicherheit. Diese Unsicherheit verängstigt uns nicht nur, weil wir nicht recht wissen, was für Archetypen erscheinen werden, sondern auch deshalb, weil wir in solchen Übergangszeiten offen sind: einerseits für die großartige und andererseits für die unheimlich zerstörerische Dämonie der Archetypen. Diese zu reflektieren, ihnen ins Auge zu sehen ist außerordentlich schwer und erschreckt uns tief. Die Menschheit versuchte schon immer, sobald sie sich der Archetypen reflektierend bewußt wurde, diese zu verharmlosen. Hier liegt einer der Irrtümer derjenigen, die glauben, aus den überlieferten Mythologien – etwa der griechischen – notwendigerweise ein zuverlässiges Bild der Archetypen erhalten zu können. Mythologien und Märchen sind oft voll scharf gezeichneter archetypischer Symbole, oft aber eine Ansammlung von verharmlosten, ästhetisierten und moralisierten Bildern.

In letzter Zeit hat die Psychologie begonnen, die zerstörerische Dämonie des mütterlichen – und auch des väterlichen – Archetypus zu erkennen. Kronos, der seine Kinder auffrißt, und die Mutter-Göttin, die Menschenopfer verlangt, erscheinen wieder in der Erkenntnis, daß viele neurotische Leiden durch die Destruktivität der Eltern bedingt sind. »Mammi und Papi« werden nicht mehr als so harmlos dargestellt, plötzlich sind die sogar an allem schuld!

Ähnliches hat sich in bezug auf das Verhältnis von Mann und Frau leider in der Psychologie noch nicht ereignet. Wir haben zwar das Männliche mit dem Aggressiven verbunden, das Weibliche aber wurde allzu oft mit dem unaggressiven Eros gekoppelt gesehen. Dem Archetypus der männerzerstörenden und tötenden Frau will man im 20. Jahrhundert immer noch nicht recht ins Auge sehen.

Wir sprechen zwar von der »femme fatale«, von der »belle dame sansmerci«; Marlene Dietrich sang: »Männer umschwärmen mich wie Motten das Licht – und verbrennen«; diese Figuren werden aber psychologisch nicht im archetypischen Sinne ernstgenommen. In den archetypischen Möglichkeiten, in den Beziehungen zwischen Männern und Frauen liegen nicht nur lebendige Beziehungen oder Unabhängigkeit voneinander, sondern auch der Kampf gegeneinander, die gegenseitige Ablehnung, der amazonenhafte Männerhaß, der Zorn der fanatischen Women's Lib, die dreinschlagende Brutalität des Zeus und die grausame Destruktivität der Hera. Die zerstörerisch aggressiven Seiten des Mannes gegenüber der Frau werden seit langem einigermaßen anerkannt; die Mordlust der Frau gegenüber dem Mann aber aus einem vereinfachten Verständnis des Weiblichen heraus nicht anerkannt oder aber pathologisiert.

Die archetypischen Bilder der weiblichen, männertötenden Aggressionen in den mythologischen Figuren der Penthesilea, Camilla, Juturna, Marfisa, Bradamanta, Clorinda, Britomart, Belphoebe, Radigund werden als unweiblich, als Männliches imitierend oder als androgyn mißverstanden. Die kriegerische, männertötende, im schweren Panzer einen Ritter nach dem andern aus dem Sattel hebende Frau ist nicht im geringsten unweiblich, sondern stellt einen weiblichen Archetyp dar, der Jahrhunderte, ja sogar Jahrtausende lang ausgeschaltet wurde, »nicht Mode war«.

Die Anerkennung der primär weiblichen mörderischen Aggressivität wird einerseits eine ungeheure Bereicherung der bewußten Erlebnismöglichkeiten der Menschen, andererseits aber auch ungezählte Komplikationen mit sich bringen. Strindberg hat zwar diese Möglichkeiten des Weiblichen erkannt, aber nicht ergänzt durch die Darstellung des frauenvernichtenden männlichen Archetypes. Wurde er vielleicht deshalb als Frauenhasser »pathologisiert«?

Für das Verständnis der Ehe ist es weiter sehr wichtig, zu realisieren, daß sich das Weibliche und Männliche zueinander nicht nur feindlich verhalten können, sondern sich nicht einmal unbedingt ergänzen müssen. Es gibt viele weibliche archetypische Verhaltensweisen, die nicht auf den Mann bezogen sind, und viele männliche archetypische Verhaltensweisen, die in keinerlei Beziehung zum Weiblichen stehen. Mann und Frau ergänzen sich also nur zum Teil. Die Ehe kann nur dann wirklich verstanden werden, wenn wir uns von dem »Harmoniekomplex« befreien.

Wenn Mann und Frau aufeinanderstoßen, muß es aus archetypischen Gründen immer auch zu schweren Konflikten und Mißverständnissen kommen. Und wenn sich Männer und Frauen aufeinander beziehen, ist dies durchaus nicht immer liebend der Fall, sondern auch ablehnend und vernichtend. Oft sind beide aufeinander sogar völlig unbezogen, sich nicht einmal in Ablehnung und Aggressivität ergänzend oder verstehend. Existentielle Einsamkeit, Unverstandensein ist aus der Ehe nicht wegzudenken. All dieses Unharmonische hat nicht immer etwas mit neurotischer Entwicklung oder neurotischer Beziehung zu tun.

Die Ehe ist nichts Gemütliches und Harmonisches, sondern sie ist ein Ort der Individuation, wo sich der Mensch an sich selber und an dem Partner reibt, liebend und ablehnend auf ihn stößt und so sich, die Welt, das Gute und das Böse, das Hohe und das Niedrige kennenlernt.

Beispiel einer Individuationsehe

Und doch: irgendwie dauern viele Ehen bis zum Tode. Ohne Opfer geht es allerdings nicht; die Individuation geht oft merkwürdige Wege. Und nur die Individuation macht die Ehe verständlich.

Im folgenden sei zur Illustration und als Anregung für weitere Untersuchungen die Darstellung eines Falles gegeben. Ich bin mir dabei allerdings der Problematik solcher Falldarstellungen bewußt: Das Material eines Falles nämlich wird in der Regel so ausgewählt, damit das gezeigt wird, was man möchte.

Ich habe bei den Betreffenden die Erlaubnis eingeholt, ihre Geschichte als Fallstudie zu publizieren, habe die Darstellung etwas verfremdet und sie hernach den Betreffenden vorgelegt. Die Eheleute haben mir versichert, daß sie nicht glauben, erkannt werden zu können: sie versicherten mir weiter, ein solches Bekanntwerden würde sie im übrigen nicht stören.

Der Fall: Er ist ein kleiner, etwas häßlicher, intelligenter Geschäftsmann ohne jede akademische Bildung. Sie ist eine hübsche Frau, durchschnittlich intelligent, mit abgeschlossener akademischer Ausbildung in den Geisteswissenschaften. Beide sind ungefähr gleichalt. Sie lernten sich in ihrem 25. Lebensjahr kennen. Ziemlich bald verliebten sie sich; und sie wurde schwanger. Die Heirat erfolgte dennoch nicht eigentlich unter dem Druck dieser Schwangerschaft, sondern weil sich die beiden leidenschaftlich liebten.

Die Frau bewunderte an ihrem Gatten seine geschäftliche Klugheit, seine Unabhängigkeit und sein Durchsetzungsvermögen. Er schätzte ihre körperliche Schönheit und ihre akademische Bildung, ihre Kultur.

Nach der Heirat gründete der Ehegatte ein Geschäft und mußte sich anfänglich sehr dafür einsetzen. Er hatte hart und oft bis spät in die Nacht hinein zu arbeiten. Sie führte ihn etwas ein in das, was man

»Kultur« nennt, und bewunderte weiterhin seine Fähigkeiten als Geschäftsmann. Nach dem zweiten Kind begann sie sich immer mehr nur für ihre Kinder zu interessieren und schloß sich etwas ab von ihrem Mann. Sie machte in privaten Auseinandersetzungen von ihrer akademischen Bildung Gebrauch. Er wurde sehr servil und versuchte das Leben seiner Frau möglichst angenehm zu gestalten, half ihr auch im Haushalt usw. Allerdings begann er innerlich ein starkes Ressentiment gegen seine Frau zu verspüren. Eines Abends, als er leicht angetrunken nach Hause kam und seine Frau von ihm verlangte, daß er ihr im Haushalt helfe, explodierte er und ohrfeigte nach einigen Argumenten seine Frau. Beide erschraken darüber sehr und wandten sich an einen Eheberater.

Dieser sprach mit beiden getrennt: Der Ehegattin sagte er, daß sie aus neurotischen Gründen ihren Mann allzusehr beherrschen wolle. Er riet ihr, netter zu ihrem Gatten zu sein und ihn vermehrt zu respektieren. Er versuchte ferner, die bereits etwas reduzierte Bewunderung der Frau für die geschäftlichen Qualitäten ihres Mannes wieder neu zu beleben. Dem Ehegatten erklärte der Eheberater, er sei – ebenfalls aus neurotischen Gründen – nicht stark und selbständig genug in seinem Auftreten gegenüber seiner Frau. Er warnte ihn vor dem Trinken und riet ihm dringend, seine Frau nicht mehr zu schlagen. Er sah, daß der Mann voller gehemmter Aggressionen steckte und riet ihm deshalb, sich analytisch behandeln zu lassen.

Neben vielem anderen zeigte sich in der Analyse, daß der Ehegatte im Grunde genommen mehr von »Kultur« verstand als seine Frau. Er hatte Freude an Literatur und Malerei. Er wurde etwas selbstsicherer; seine Frau aber konnte die neue Selbstsicherheit ihres Mannes nicht ertragen. Sie war gewohnt, daß ihr Mann in allem nachgab. Nach einer heftigen Auseinandersetzung verließ sie mit ihren beiden Kindern ihren Gatten und suchte Zuflucht bei ihrer Mutter. Sie ließ sich nun von einem anderen Eheberater, der ihren Gatten nicht kannte, weiter beraten. Dieser übernahm von der Frau das Bild des Ehegatten, das diese ihm zeichnete; nämlich dasjenige eines geschäftlich sehr tüchtigen, ungebildeten, affektiv starren, unsensiblen und unanpassungsfähigen Selfmademan. Die beiden kamen überein, daß es sehr schwierig sei, den Mann zu ändern, und falls die Ehe überhaupt gerettet werden könne, sei dies nur möglich, wenn sie die Rolle der gehorsamen Ehefrau spiele.

Nach einigen Wochen erschien der Ehegatte bei seiner Schwiegermutter und führte seine Frau und seine Kinder wieder nach Hause zurück. Beide waren sich einig, daß es sich durchaus lohne, die Ehe weiterzuführen. Er wurde innerlich etwas milder und gab die Hoffnung auf, sich je gegenüber seiner Frau wirklich durchsetzen zu können. Oft lobte er deren akademische Qualitäten; in Gegenwart von Freunden zitierte er nicht selten Aussagen seiner Frau über kulturelle Belange, um ihr zu gefallen. Im Haushalt half er ihr, wo er nur konnte, auch wenn er geschäftlich sehr überlastet war. Sie dagegen nahm kaum Rücksicht auf seine geschäftlichen Sorgen. Oft mußte er, wenn er todmüde nach Hause kam und am liebsten einfach am Kamin gesessen wäre, um etwas fernzusehen, noch mit ihr ins Theater gehen. Sie beherrschte ihn eindeutig.

Sexuell war sie mittlerweile ziemlich kühl geworden. Sie konnte nur dann zum Orgasmus kommen, wenn der Mann vorgab, sie zu bezahlen, indem er eine 100-Franken-Note auf den Nachttisch legte. In Tagträumen liebte sie es, sich als Prostituierte in einem Bordell zu sehen. Der Ehemann hatte im Sexuellen etwas masochistische Neigungen. Er kam nur dann zu einer Ejakulation, wenn sie ihn während des Verkehrs an den Haaren riß. Sie erzählten einander ihre sexuellen Phantasien. Die Kommunikation zwischen den beiden war nie ganz unterbrochen; es gab immer wieder Tage, an denen sie sehr gut miteinander sprechen konnten.

Der Ehemann hatte einmal folgenden Traum: Er sah das bekannte Bild, auf dem Aristoteles am Boden kniet, während eine Frau auf ihm reitet. In diesem Bild aber war er Aristoteles und seine (des Patienten) Frau ritt auf ihm. Im Traum sah er ferner, daß seine Frau verstümmelte Beine hatte und somit nicht gehen konnte.

Der Traum kann von vielen Seiten her interpretiert werden. Für uns zeigt er folgendes: Der Mann wird von seiner Frau dominiert; sie aber ist unfähig, auf eigenen Beinen zu stehen. Deshalb hat sie keine andere Wahl, als ihn zu »reiten«. Gewiß, es handelt sich hier um eine »neurotische« Ehe: Er ist etwas masochistisch; sie kompensiert ihre grundsätzlich materialistisch rohe Seite durch sogenanntes Interesse an Kultur. Weiter ist die Ehefrau offenbar im Tiefsten völlig unselbständig, sie kann deshalb nur funktionieren, wenn sie jemanden findet, der es sich gefallen läßt, beherrscht zu werden; gerade dadurch wird ihr geholfen, eine gewisse Selbständigkeit zu erlangen. Auf die subjektive Deutung des Traumes, in welcher die Frau die Anima des Träumers darstellt, gehe ich hier nicht ein.

Der Mann träumte ferner immer wieder, in verschiedenen Variationen – vor allem, wenn es mit seiner Frau zu schweren Auseinandersetzungen kam –, folgendes:

Er sah in einem kleinen, dunklen Zimmer einen Mann Klavier spielen; oft war er dieser Mann. Die Traumfigur mußte immer irgendeine Melodie spielen; sie schien gar keine andere Wahl zu haben, als in diesem Raum zu sitzen und zu versuchen, eine bestimmte Melodie zu spielen. Einmal träumte er, daß er die Noten sah, nach welchen er oder der Mann hätte spielen sollen. Die gesuchte Melodie hieß »le mariage«. Soweit der Traum.

Zu dem kleinen, dunklen Raum assoziierte der Patient ein kleines Zimmer im elterlichen Haus, in dem er sich oft und gern als Knabe aufhielt und wo er sehr viel nachdachte; ja, es war dort, wo es ihm als kleiner Knabe zum ersten Mal einleuchtete, daß er denken könne, fähig zu sein, über sich und andere zu reflektieren. Der Mann war ausgesprochen unmusikalisch; er erinnerte sich aber, daß er als Knabe sehr gern Orgelspiel hörte und gern in der Kirche mitsang. Auch jetzt hatte die Musik in der Kirche immer noch etwas Ergreifendes für ihn. Musik hing für ihn irgendwie mit dem Unverständlichen, mit dem Göttlichen zusammen.

Bei diesem Traum handelt es sich teilweise um einen zwanghaften Individuationstraum. Le mariage, die Heirat, war die Melodie, die er zu spielen hatte und die ihn dem Göttlichen näher brachte, die ihm also half zu individuieren.

Gewiß, der Traum des Mannes war eigenartig; aber innerlich zwang es ihn, die Melodie »le mariage«, die Heirat, zu spielen. Der Ehemann hatte zu diesem Traum eine weitere interessante Assoziation. Er assoziierte einen Jongleur, von dem er einst in einer Novelle gelesen hatte, an die er sich folgendermaßen erinnerte: Zu Ehren

Gottes und der heiligen Maria wurde in einer mittelalterlichen Stadt eine prächtige Kathedrale erbaut. Um Gott Reverenz zu erweisen, leistete jeder Einwohner seinen Teil zu dem Bau: Der Architekt machte die Pläne, der Zimmermann konstruierte den Dachstuhl, der Maurer mauerte die Mauern, der Maler schmückte die Wände, der Goldschmied fertigte prächtige Kerzenständer an, der Kerzenmacher goß Kerzen usw. Als der Bau der Kathedrale vollendet war, wurde ein großes Fest gefeiert, und alle fühlten sich Gott sehr nahe. Als dann spät in der Nacht ein Priester noch einmal die Kathedrale durchschritt, um nachzusehen, ob alles in Ordnung sei, gewahrte er vor dem Altare Gottes einen Jongleur, der mit Bällen und Stäben seine Kunststücke vollführte. Voller Empörung fuhr der Priester den Artisten an. Der Jahrmarktfahrer aber antwortete: Alle in dieser Stadt verstehen ein Handwerk, das sie zur Ehre Gottes am Bau dieser Kirche ausübten. Ich kann gar nichts, außer mit Bällen und Stäben in der Luft herumjonglieren. Dies ist es, was ich hier zu Ehren Gottes tue. Der Träumer verband sein Klavierspielen mit dem Jonglieren des Jahrmarktartisten.

Sicher stellt man sich hier die Frage: Wie weit kann ein Ehepartner – hier ein Mann – immer wieder nachgeben, ohne schließlich nicht nur seiner eigenen, sondern auch der Individuation des Partners zu schaden? In unserem Falle könnte die Frau immer mehr und noch mehr verlangen. Hier kann als Antwort nur auf das Märchen von »dem Fischer und syner Fru« hingewiesen werden. Der arme Fischer muß vom wundertätigen Fisch auf Drängen der Frau immer mehr und noch mehr verlangen.

> »Manntje, Manntje, Timpe Te,
> Buttje, Buttje in der See,
> Myne Fru de Ilsebill
> Will nich so, as ik wol wil«

Schließlich verlangt er – oder eigentlich die ihn drängende Frau – zu viel, und beide sind wieder so arm wie zuvor.

Die irreführende Beherrschung der Sexualität durch die Fortpflanzung

Nachdem wir nun auf die Ehe eingegangen sind und das Verhältnis vom Weiblichen und Männlichen an sich betrachtet haben, wenden wir uns der Sexualität zu. In der Ehe, und im Verhältnis von Mann und Frau ganz allgemein, spielt diese eine entscheidende Rolle. Das Wort Sexualität wird heute bis zum Überdruß gebraucht. Man spricht so viel davon, daß man glaubt zu wissen, wovon man spricht. Was für ein psychologisches Phänomen bezeichnen wir mit dem Wort Sexualität oder gar mit dem Wort »Sex«?

Die klassischen Griechen drückten sich bedeutend poetischer und differenzierter aus als wir. Sie sprachen von der *Aphrodite*, aus dem Schaum im Meer geboren, der sich um die abgeschnittenen Genitalien von Uranos, dem Himmelsgott, Sohn des Chaos, bildete. Sie war liebreizend und verführerisch. Paris gab nicht Hera und nicht Athene, sondern Aphrodite den goldenen Apfel. Sie war die Frau des verkrüppelten Schmiedes Hephaistos. Mehr aber liebte sie den Kriegsgott Ares, der Schrecken unter den Menschen verbreitete. Eine andere griechische mythologische Figur ist *Priapos*, ein Gott der Fruchtbarkeit; er wird als häßlicher Mann mit riesigen Genitalien dargestellt, der prahlend die Welt durchstreift.

Vor allem bekannt ist *Eros*. Nach der Theogonie von Hesiod existiert dieser seit dem Anfang aller Zeiten; er wurde aus dem Chaos geboren. Bei der »Geburt« der Aphrodite war er dabei. Anfänglich wurde er mit der Homophilie in Zusammenhang gebracht. Später, namentlich bei Ovid, wird er als leichtsinniger Bube geschildert. Er zog mit Pfeil und Bogen in der Welt herum; ein Teil seiner Pfeile hatte goldene Spitzen. Wurden Götter oder Menschen von diesen getroffen, so verfielen sie der Liebestollheit. Wieder andere seiner Pfeile hatten bleierne Spitzen; die von diesen Getroffenen wurden gegen die Liebe unempfindlich. Noch später in der historischen Entwicklung sprach man von einer Mehrzahl von Eros, von Erotes. Das waren kleine geflügelte Wesen, die ganz verdächtig den Geschöpfen glichen, die aus Pandoras Büchse entwichen.

Vielleicht ist es psychologisch richtiger und realistischer, von verschiedenen Göttern und Göttinnen, die alle von Geschichten umrahmt werden, zu sprechen als von *der* Sexualität. Dies ist ein primitives, banausisches Wort, das dem in tausend Farben schillernden Phänomen nicht gerecht wird.

Nicht nur die Griechen, auch andere Völker stellen Sexualität in mythologischen Bildern dar. Hier ein Beispiel aus einer ganz anderen Kultur: Im Zusammenhang mit einer mythologischen Figur des nordamerikanischen Stammes der Winnebago wird die Sexualität als etwas vom Träger völlig Unabhängiges geschildert. Watjunkaga, der Trickster, ist eine unmoralische Figur, der Streiche spielt und dem Streiche gespielt werden. Er trägt sein riesengroßes männliches Glied in einer Kiste mit sich, als ob dieses wenig mit ihm persönlich zu tun hätte. Dieses Glied schwimmt selbständig durch das Wasser auf badende Mädchen zu. Das Bild dieser unabhängigen, detachierten Sexualität ist psychologisch recht zutreffend. Allerdings hängt es auch damit zusammen, daß das Menschenbild, welches die Kultur der Winnebago leitete, bedeutend weniger zentralistische Züge aufwies als das unsere. Der Mensch wird als aus verschiedenen Teilseelen bestehend verstanden. Auch wir heutigen westlichen Menschen stellen uns in der Umgangssprache oft so dar; wir sprechen etwa davon, daß uns »das Herz weh tut«. Eigentlich meinen wir ja damit, daß *wir* einen Schmerz empfinden und nicht nur etwa das Herz.

Von Ethnographen werden archaische Völker beschrieben, die sogar Fortpflanzung und Sexualität in keinem Zusammenhang sehen. Diese beiden Phänomene erlebten sie völlig getrennt. Heute weiß praktisch jedes Kind, daß Sexualität mit der Erzeugung von Nachkommen verbunden ist. Oder hatten diese archaischen Völker vielleicht psychologisch doch recht? Wie steht es eigentlich mit dem Zusammenhang von Fortpflanzung und Sexualität?

Ganz auffällig ist, wie im Laufe der jüdischen und christlichen Theologiegeschichte die Sexualität geradezu zwanghaft mit der Fortpflanzung verbunden wurde. Sexualität konnte bis vor kurzem nur in Verbindung mit Fortpflanzung angenommen werden. Paulus lehnte die Sexualität als solche ab, erkannte ihr nur insofern eine gewisse Berechtigung zu, wenn sie geheiligt wurde durch die Ehe. Er nahm an, es sei besser zu heiraten und innerhalb der Ehe die Sexualität zu leben, als in lustvoller unehelicher sexueller Sünde zu brennen. Der heilige Augustinus spezifzierte dann, daß die Sexualität innerhalb der Ehe deshalb anerkannt werden könne, da sie der Fortpflanzung diene. Die sexuelle Lust allerdings lehnte er grundsätzlich ab. Auch der heilige Thomas und viele andere Kirchenväter vertraten die Ansicht, daß sexuelle Lust auf jeden Fall sündhaft sei, aber im Dienste der ehelichen Fortpflanzung entschuldigt werden könne. Albertus Magnus und Duns Scotus glaubten dann allerdings, daß sexuelle Lust in der Ehe im Dienste der Fortpflanzung wenigstens nicht entschuldigt werden müsse.

Die Rechtfertigung der Sexualität durch Fortpflanzung setzte sich bis in die Neuzeit fort, wurde aber säkularisiert. Viele Ärzte und Psychiater des 19. Jahrhunderts versuchten die Sexualität biologisch von der Fortpflanzung her zu verstehen. Deshalb wurden die Selbstbefriedigung, sexuelle Phantasien und ähnliches als etwas Ungesundes betrachtet, als etwas, welches das Nervensystem zerstört. Bis vor wenigen Jahren war es noch gang und gäbe, daß man Kindern erzählte, Selbstbefriedigung könne zu Lähmungen und schweren Krankheiten führen.

Ohne daß sie es vielleicht wußten, waren die Vorstellungen der Psychiater des 19. Jahrhunderts geprägt von den christlichen Vorstellungen. Kräpelin war der Ansicht, daß der Ausgangspunkt der geschlechtlichen Verwirrung fast immer die Selbstbefriedigung sei. Die Angst vor der Masturbation mag uns heute etwas eigenartig erscheinen, ist aber durchaus verständlich innerhalb des historischen Kontextes. Als Hauptsinn der Sexualität wurde die Fortpflanzung angegeben, und deshalb war offensichtlich die Selbstbefriedigung pathologisch oder sündhaft, da sie ja nie zur Zeugung führen konnte. Kräpelin nahm ferner an, daß sexuelle Verirrungen in den

Vorstellungen und Phantasien während der Selbstbefriedigung entstünden. Sexuelle Phantasien waren für ihn ebenfalls etwas Pathogenes, was wiederum vom historischen Hintergrund her verständlich ist. Er glaubte weiter, daß die Sexualität, je weiter sie sich von der Fortpflanzung entferne, um so pathologischer sei.

Die Psychiatrie des 19. Jahrhunderts war offiziell alles andere als christlich. Es ist aber interessant zu sehen, wie mittelalterliche theologische Ideen sogar das Verständnis der Psychopathologie des Menschen entscheidend prägten. Der naive Biologismus des 19. Jahrhunderts, der die Sexualität nur im Zusammenhang mit Fortpflanzung sah, war dem Verständnis des sexuellen Lebens offensichtlich nicht gewachsen. Immerhin begann man sich damals intensiv mit der Sexualität zu beschäftigen.

Es gibt tatsächlich eine praktisch nur auf die Fortpflanzung gerichtete Sexualität. Man trifft eine solche bei gewissen hysterischen Frauen. Der Begriff der Hysterie ist heute allerdings nicht mehr sehr gebräuchlich und umstritten. Meiner Ansicht nach ist er klinisch und psychologisch doch immer noch sehr nützlich. Eine von vielen Autoren beschriebene Eigenschaft von sogenannten Hysterikern ist das Vorhandensein archaischer, primitiver Verhaltensweisen. Zum Beispiel finden wir bei Hysterikern – handle es sich nun um Männer oder Frauen – oft eine Art von primitivem Fluchtreflex. Unter bestimmten Umständen laufen diese Leute schreiend in Panik davon. Eine ähnliche Form von primitiver Reaktion ist das plötzliche völlige Gelähmtwerden bei furchterregenden Situationen, wovon Menschen mit hysterischen Zügen überfallen werden. Ist dies ein Überbleibsel des Todstellreflexes? Indem sich das angegriffene Tier oder der angegriffene Mensch nicht mehr rührt, keinerlei Bewegung zeigt, wird der Angreifer nicht noch mehr gereizt und läßt von seinem Opfer ab.

Eine andere archaische Reaktionsweise ist die Sensibilität der Hysteriker für jegliche nicht verbale Kommunikation. Hysteriker spüren oft, was im andern vorgeht, bevor es dieser selber spürt. Bei Hysterikern scheint die Fähigkeit, direkt mit der Seele des andern zu kommunizieren, ohne Umweg der Sprache oder irgendwelcher Zeichen, noch besonders stark entwickelt zu sein, oder, anders ausgedrückt: Diese archaische Fähigkeit ist nicht durch eine starke Ich-Entwicklung verschüttet worden.

Die Sexualität von hysterischen Frauen zeigt nun einige in diesem Zusammenhang interessante Eigenschaften. Viele Frauen mit hysterischem Charakter sind sexuell, in bezug auf den eigentlichen Akt, völlig kalt, unfähig, zu einem Orgasmus zu kommen. Andererseits aber sind diese Frauen oft sehr kokett und aktiv in der Verführung und im Vorspiel. Sie sind begabt in der Anlockung und Sexualisierung des Mannes. Bei der eigentlichen sexuellen Vereinigung empfinden sie aber wenig.

Diese Art von »hysterischer Sexualität« kann als archaische Sexualität verstanden werden. Für die Fortpflanzung genügt eine solche anlockende, frigide Sexualität vielleicht. Wichtig für die Erzeugung von Kindern ist nur, daß der Mann zur sexuellen Aktivität angeregt wird. Wenn es dann einmal soweit ist, wäre es für die Fortpflanzung wohl nur eine Energieverschwendung, wenn die betreffende Frau, die nun die Vereinigung erreicht hat, noch etwas Spezielles erleben würde. Der Orgasmus ist in diesem Sinne biologisch gar nicht nötig; die Befruchtung kann ohne ihn stattfinden.

Bei den Männern trifft man ebenfalls solche archaische Sexualität. Es gibt undifferenzierte Männer, denen es wirklich nur darum geht, zu einer Ejakulation zu kommen, gleichgültig wie und wo. Jegliches Vor- und Nachspiel ist für sie uninteressant und unverständlich. Eine solche archaische, vor allem der Fortpflanzung dienende Sexualität findet man oft bei Männern und Frauen, die aus irgendeinem Grund kulturell oder seelisch vernachlässigt worden sind und keinerlei psychische Stimulierung während der Kindheit erleben durften.

Es ist eigentümlich, daß gerade dieses tierisch primitive Sexualverhalten lange Zeit von christlichen Theologen als das einzige nicht sündige verstanden wurde, insofern es durch die Ehe geheiligt wurde und der Fortpflanzung diente. Allerdings ist das Christentum nur Erbe von Vorstellungen, die im Alten Testament äußerst wichtig waren. Der nutzlose Verlust des männlichen Samens galt im Alten Testament als schweres Verbrechen gegen Gott.

Wie unheimlich und tierisch die Lehrmeinung ist, Sexualität müsse sich durch Fortpflanzung rechtfertigen, zeigt sich, wenn man sie ernstnimmt. Es würde praktisch heißen, daß nur die vollkommen unzärtliche, biologisch orientierte Kopulation als gut zu betrachten wäre. Es wäre dann so, als würde man sagen, essen sei nur dann nicht sündhaft, wenn man mit den Händen möglichst schnell die einfachen Speisen verschlänge, ohne jede Form und Kultiviertheit, lediglich zur Sättigung.

Sicher ist man berechtigt, daran zu zweifeln, daß die Grundlage der Sexualität die Fortpflanzung sei. Sehr wenig der Zeit und Energie, welche die Menschen auf das sexuelle Leben verwenden, hat etwas mit Kinderzeugen zu tun. Das sexuelle Leben beginnt in frühester Kindheit und endet erst im Grabe. Unter sexuellem Leben verstehe ich sowohl sexuelle Phantasien, Selbstbefriedigung und sexuelle Spielereien als auch den eigentlichen sexuellen Akt. Nur ein sehr kleiner Teil des sexuellen Lebens drückt sich in Tätigkeiten aus. Der größte Teil besteht aus Phantasien und Träumen. Daß diese nur wenig zu tun haben mit der Fortpflanzung, leuchtet gewiß ein. Was wir aber zu wenig realisieren, ist, daß sogar die meisten sexuellen Tätigkeiten kaum etwas zu tun haben mit der Fortpflanzung. Dies ist nicht nur so, seit wir bessere empfängnisverhütende Mittel haben. Die meisten sexuellen Aktivitäten waren schon immer ein biologisch zweckloses Spiel. Wohl war die Sexualität schon immer mit der Fortpflanzung verbunden; diese allein macht sie aber nicht verständlich.

Die Verbindung der Sexualität mit der Fortpflanzung hat die Sexualität sehr eingeengt. Bewußt oder unbewußt wird als normale Sexualität immer noch mehr oder weniger eine verstanden, die von der Fortpflanzung her normiert wird. Viele Psychologen fassen auch heute noch jede sexuelle Tätigkeit, die nicht in irgendeinem losen, möglichen Zusammenhang mit einer Befruchtung steht, als anormal auf.

Die Lehre der katholischen Kirche hat hier – allerdings sicher einseitig verstanden – viel Unheil angerichtet. Im 19. Jahrhundert verband sich enges katholisches Denken mit Biologismus, was zur Folge hatte, daß die populäre katholische Meinung eindeutig die war, daß Sexualität erstens nur in der Ehe und zweitens nur um der

Fortpflanzung willen gelebt werden durfte und daß ferner der Zweck der Ehe vor allem im Kinderkriegen und Kindererziehen liege. Nun heißt es zwar, der »finis primarius« der Ehe sei Zeugung und Erziehung, andererseits aber wird von Augustinus gesagt: »in nostrarum quippe nuntiis plus valet sanctitas sacramenti quam fecunditas uteri« (... ist das Sakrament wichtiger als die Fruchtbarkeit der Gebärmutter).

Vom Unsinn der »normalen« Sexualität

Ein entscheidender Durchbruch im Verständnis des sexuellen Lebens geschah mit Freud. Heute ist ein Verständnis der Sexualität ohne genaue Kenntnis seiner Sexualtheorien undenkbar. Laut Freud setzt sich die Sexualität aus vielen verschiedenen Trieben zusammen, die sich, wenn alles gut geht, einigermaßen zu etwas, was man als normale Sexualität verstehen kann, integrieren und sich, wenn es nicht gut geht, als sogenannte Perversionen durchsetzen.

Wir wollen hier die sexuellen Theorien Freuds nur kurz berühren. Freud beschreibt in sehr präziser Weise verschiedene Stufen, welche die sexuelle Entwicklung des Menschen charakterisieren. Beim neugeborenen Kind ist die Sexualität noch unorganisiert und diffus. Anlagemäßig ist das Kind polymorph pervers autoerotisch. Es enthält in sich sozusagen alle sexuellen Strebungen, die wir später, wenn sie nicht integriert werden, als Perversionen erleben.

Die erste Zentrierung der Sexualität spielt sich in der Mundgegend ab. Das erste Stadium ist die sogenannte orale Phase, während der alles, was mit dem Mund zu tun hat – saugen, schlucken, verschlingen –, im sexuellen Sinne erlebt wird. Diese Lustgefühle konzentrieren sich in der folgenden Phase, der analen, mehr auf die Ausscheidungsorgane und auf die Elimination von Urin und Fäces. Genau zu erklären, weshalb in dieser Phase sado-masochistische Tendenzen auftauchen, würde zu weit führen. In einer noch späteren Phase, der genitalen, übernehmen die Genitalzonen die Führung, und während dieser tritt dann, mit ungefähr sechs Jahren, die ödipale Phase ein mit der inzestuösen Sehnsucht nach sexuellem Kontakt mit dem Vater oder der Mutter. Diese ödipalen Wünsche werden nicht erfüllt, müssen unterdrückt werden, und die Folge ist die Latenzzeit bis etwa zum 12. Lebensjahr, in der die sexuellen

Triebe unterdrückt und die sexuelle Energie zum Teil sublimiert werden. Während der Pubertät kommt dann die sogenannte normale Sexualität endlich zu ihrem Recht.

Dieser lange und komplizierte Weg der sexuellen Entwicklung enthält viele Gefahren, durch die es zu sexuellen Abweichungen kommen kann. Es kann zu einer Fixierung in irgendeiner Phase kommen, und es können gewisse einzelne sexuelle Komponenten, wie die anal-sado-masochistischen oder die exhibitionistischen, die Führung übernehmen; oder es kann aus Angst vor der Macht der sexuellen Triebe zu Verschiebungsmechanismen kommen, durch die sich die gesamte Sexualität auf ein Ausweichobjekt konzentrieren kann, wie dies beim Fetischismus der Fall ist, wo ein Gegenstand stellvertretende Funktion für das begehrte Wesen ausübt.

Die Ursache dieser Fehlentwicklung liegt nach Freud vielleicht in einer konstitutionellen Schwäche oder in kongenitaler Syphilis, in einer schwächlichen nervösen Konstitution oder in bestimmten Erlebnissen, welche zu einer Fixierung führten. Unglückliche sexuelle Stimulierungen in einer bestimmten Phase, etwa Beobachtungen von sexuellen Kontakten der Eltern, welche als Mordversuche mißverstanden werden, Verführungen durch Verwandte oder Angestellte können dazu führen, daß ein bestimmter, in der betreffenden Phase wichtiger sexueller Teiltrieb allzu wichtig wird und die Führung übernimmt.

In diesem Sinne würden sexuelle Abweichungen als ein Vorherrschen von übermächtigen infantilen sexuellen Trieben verstanden. Jede Sexualität, die nicht auf irgendeine Art und Weise zum klassischen sexuellen Verkehr führte, müßte somit als sexuelle Perversion verstanden werden. In letzter Zeit wurde das Entwicklungsschema von Freud von vielen Seiten her angefochten. So zeigte man, daß die sogenannte Latenzzeit ein sehr fraglicher Begriff ist, da zwischen dem 6. und 12. Lebensjahr das sexuelle Leben der Kinder keineswegs abnimmt.

Leider wird gerade von Anhängern der Jungianischen Psychologie die Großartigkeit der Freudschen Gedanken oft nicht richtig verstanden. Freud beschreibt allerdings nicht eigentliche »Tatsachen«. Seine Verdienste können eher gewürdigt werden, wenn wir seine

Sexualtherapien als eine moderne Mythologie verstehen, die uns durch symbolische Darstellungen mehr über die Sexualität Aufschluß geben als statistische Fakten. Ist nicht vielleicht das polymorph-perverse Kind vor allem eine symbolische Darstellung des in jedem Kind vorhandenen ganzheitlichen?

Menschen, des Menschen, in dem alles enthalten ist?

Freud hat versucht zu zeigen, daß sämtliche sogenannten Perversionen von Anfang an in allen Menschen vorhanden sind und daß die »normale« Sexualität nichts anderes ist als ein delikates, kunstvolles Gebilde, dessen einzelne Bausteine die sogenannten Perversionen sind. Das Verdienst von Freud ist es, auch die sexuellen Abweichungen in das Verständnis der Sexualität einbezogen und das durch die Verkupplung mit der Fortpflanzung eingeengte Verständnis der Sexualität erweitert zu haben. Die kühnen Einsichten Freuds konnten aber die Einengung der Sexualität nicht endgültig sprengen. So ist Masturbation nach Gebsattel immer noch eine Sünde gegen das Ich-Du-Prinzip, eine Sünde gegen den Eros, oder, gemäß dem bekannten Schweizer Psychologen und Philosophen Paul Häberlin, eine Sünde gegen den Partner.

Die Existentialisten versuchten zum Teil die Reichhaltigkeit der Sexualität noch tiefer zu verstehen. Médard Boss nimmt an, daß nicht nur normale Sexualität, sondern auch jede Abart ein verzweifelter, wenn auch beschränkter Versuch sei, Liebe auszudrücken. Andere Existentialisten verstehen den sexuellen Trieb als einen Trieb, in der Welt zu sein, und nehmen an, daß wenn es zwischen der Welt und dem Trieb zu einem Bruch komme, dieser Bruch dann mit sexuellen Phantasien und sexuellen Perversionen destruktiver Art, wie Sadismus und Masochismus, ausgefüllt werden müsse.

Demgegenüber wollen wir uns für unsere Ausführungen des Satzes von Freud erinnern, daß »die allgewaltige Liebe sich vielleicht nirgends stärker als in den Verirrungen zeige«.

All den Versuchen, die Sexualität so zu verstehen, daß letztlich vor allem auf die Zeugung oder zumindest auf den eigentlichen sexuellen Akt konzentrierte Sexualität im Zentrum stehen muß und jede andere sexuelle Tätigkeit mehr oder weniger suspekt ist, müssen folgende Phänomene entgegengesetzt werden:

In der psychotherapeutischen Praxis bestätigt sich immer wieder: Je differenzierter – nicht je schwächer – der Mensch ist, desto mehr finden wir sogenannte sexuelle Verirrungen. Ausnahmen bestätigen die Regel. Undifferenzierte, affektiv nicht sehr entwickelte, kulturell und milieumäßig wenig stimulierte Menschen haben öfter eine sogenannte normalere Sexualität als affektiv und kulturell differenzierte Menschen.

Und weiter: Kaum einer der Versuche, die Sexualität zu verstehen, berücksichtigte die Tatsache, daß der größte Teil des sexuellen Lebens der Menschheit in Phantasien besteht und daß diese zum Teil normaler Art, zum Teil aber sehr merkwürdig sind, bedeutend merkwürdiger als das gelebte sexuelle Leben.

Wir müssen einen Schlüssel finden zum sexuellen Leben und zu den dazugehörigen sexuellen Verirrungen, der es uns ermöglicht, psychologisch alles zu verstehen, das gesamte sexuelle Phänomen in seiner Reichhaltigkeit, ohne zu moralisieren oder zu biologisieren, ohne gewisse Sachen als sein sollend oder nicht sein sollend zu dogmatisieren.

Sexualität und Individuation

Ich möchte versuchen, dem Leser ein erweitertes Verständnis für die Sexualität zu vermitteln. Ohne ein solches ist die Rolle der Sexualität und ihrer Variationen in der Ehe nicht voll zu begreifen. Leider helfen uns viele der modernsten, modischen Betrachtungsweisen der Sexualität nicht weiter. Der Versuch zum Beispiel, die Sexualität nur als lustvolles Erlebnis zu bejahen, scheint mir das Phänomen nicht gänzlich zu erfassen. Die Anziehungskraft der Sexualität, die Tatsache, daß die meisten Menschen einen sehr großen Teil ihrer Phantasie Sexuellem zuwenden, die ungeheure Problematik, welche die Sexualität zu allen Zeiten charakterisierte, ist wohl kaum zufällig und wäre, wenn es sich nur um einfache Lusterlebnisse handelte, kaum verständlich. Sexualität hatte und hat für die Menschen immer die Eigenschaft von etwas Numinosem, etwas Unheimlichem und Faszinierendem. Die Tatsache zum Beispiel, daß es in historischer Zeit im Orient Tempelprostitution gab, besagt nicht, daß diese Menschen die Sexualität als etwas »Natürliches« empfanden, als etwas, das man munter und lustvoll erleben konnte. Es besagt vielmehr das Gegenteil: Diese Menschen erlebten die Sexualität als etwas derart Numinoses, daß es sich sogar zum Teil im Tempel abspielen konnte.

Sexualität als eine Form der zwischenmenschlichen Beziehung zwischen Mann und Frau umfaßt das Phänomen nicht völlig. Die meisten sexuellen Phantasien spielen sich völlig unabhängig von menschlichen Beziehungen ab. Sie betreffen Menschen, zu denen man kaum je Beziehungen haben wird oder die es gar nicht gibt. Sexualität als Instrument sowohl der zwischenmenschlichen Beziehungen als auch der Lust auf derselben Ebene zu verstehen wie Essen und Trinken, bringt uns im Verständnis dieses menschlichen Phänomens nicht viel weiter. Weder Fortpflanzung noch Lust, noch zwischenmenschliche Beziehungen erklären die ungeheure Variation des sexuellen Lebens und der sexuellen Phantasien.

Freud versuchte auf großartige Weise alle sogenannten höheren Aktivitäten des Menschen wie Kunst, Religion und so weiter als sublimierte Sexualität zu verstehen. Wir können versuchen, umgekehrt vorzugehen und zu fragen: Kann die gesamte Sexualität vom Gesichtspunkt der Individuation – respektive der religiösen Strebungen – erfaßt werden? Sind massiv sexuell gefärbte Liebeslieder von Nonnen des Mittelalters wirklich Ausdruck frustrierter Erotik? Haben die vielen modernen Schlager und alten Volkslieder, die auf sentimentale Art und Weise von Liebe und Abschied singen, nur mit ungelebter Sexualität von Jugendlichen zu tun? Oder sind beides symbolisierte Ausdrucksformen von Individuationsvorgängen und religiösem Suchen?

Es lohnt sich, zu versuchen, Sexualität in Verbindung mit Individuation zu bringen. Eine der Aufgaben der Individuation ist es, wie ich schon erwähnte, den persönlichen, den kollektiven und den archetypischen Schatten kennenzulernen, also nicht nur zu den aufgrund von persönlichen oder kollektiven Umständen destruktiv erscheinenden seelischen Schichten vorzustoßen, sondern auch Kontakt zu nehmen mit dem »Bösen« an sich, dem Mörder und Selbstmörder in uns. Eine andere, nicht weniger wichtige Aufgabe im Individuationsprozeß ist für Männer: sich mit ihrer weiblichen und für Frauen sich mit ihrer männlichen Seite auseinanderzusetzen, die Konfrontation mit der Anima und dem Animus. Das Ringen mit der gegengeschlechtlichen Seite und die geheimnisvolle Verbindung damit gibt uns die Gelegenheit, die Polaritäten der Seele und der Welt, von Mann und Frau, Mensch und Gott, Gut und Böse, bewußt und unbewußt, rational und irrational zu erleben und zu verstehen. Die sogenannte »coniunctio oppositorum«, Vereinigung oder Zusammenfallen der Gegensätze, ist eines von vielen Modellen und Symbolen für das Ziel der Individuation.

Jung betonte immer wieder die Wichtigkeit von Träumen, Phantasien, aktiver Imagination, religiöser Mythologie und künstlerischem Schaffen im Individuationsprozeß. In diesen Medien können wir die Symbole, durch die wir individuieren, erleben. Hier sehen wir lebendige Symbole, die uns verwandeln. Symbole haben allerdings die Neigung, das Besitztum einer kleinen gebildeten Elite zu werden. Dies geschah zum Beispiel mit den griechischen Göttern im Laufe der Geschichte. Dasselbe könnte mit den christlichen Symbolen geschehen. Die Götter des alten Griechenland sind vielleicht Symbole von seelischen Kräften, von Archetypen, aber die Griechen selber erlebten sie als konkrete Realität. Sie sahen ihre Götter und erlebten sie geradezu sinnlich konkret. Als die Menschen der antiken Welt begannen, die Götter bewußt als Symbole zu verstehen, verloren dieselben einen großen Teil ihres Einflusses auf das seelische Leben der meisten Leute. Auch wir Psychologen mit all unserem mehr oder weniger tiefen Verständnis für Symbole haben ein großes Bedürfnis nach Konkretismus. Immer verfallen Analytiker der Versuchung, Träume nicht als Symbole, sondern als konkrete Orakel zu interpretieren; so wird die im Traume erscheinende Mutter allzu oft als unsere leibliche Mutter verstanden und nicht als das Symbol des Mütterlichen.

Die Griechen verehrten ihre Götter und opferten ihnen; sie konnten in ihnen ihre eigene Seele, speziell deren archetypische Komponenten, auf das intensivste erleben – durch Projektion würden wir heute sagen. Der Prozeß der Individuation ganz allgemein wird sehr oft in der Projektion erlebt. Die mittelalterlichen Alchimisten projizierten ihre seelische Entwicklung in wirkliche oder phantasierte chemische Prozesse. Aber das konkrete Erlebnis der olympischen Götter bei den Griechen und der Materie bei den Alchimisten war ein beschränkter Individuationsprozeß. C.G. Jung betonte immer wieder die Wichtigkeit des Zurücknehmens von Projektionen. Träume, Phantasien und aktive Imagination werden, wenn die Projektionen zurückgezogen sind, zum eigentlichen Medium des Individuationsprozesses und machen es möglich, lebendigen und daher auf uns wirkenden Symbolen zu begegnen.

Die Individuation braucht lebendige Symbole. Aber wo finden wir heute lebendige, wirkende Symbole? Symbole, die so lebendig und wirksam sind wie die Götter der alten Griechen oder wie der alchimistische Prozeß? Hier öffnet sich uns nun ein neues Verständnis der Sexualität. Sexualität ist nicht identisch mit Fortpflanzung, sie erschöpft sich auch nicht in der menschlichen Beziehung oder im Lusterlebnis. Die Sexualität mit all ihren Variationen kann als eine Individuationsphantasie verstanden werden, eine Phantasie, deren Symbole so lebendig und wirksam sind, daß sie sogar unsere Physiologie beeinflussen. Und diese Symbole sind – nur nebenbei gesagt – nicht etwa ausschließlicher Besitz einer akademischen Elite, sondern Eigentum aller Menschen.

Welche Möglichkeiten hat nun der Mann, sich mit dem Weiblichen auseinanderzusetzen? Eine Möglichkeit kann die Beziehung zu einer Frau – auch die Ehe – sein; eine andere kann in sexuellen Phantasien bestehen, deren Ziel nicht die Fortpflanzung, menschliche Beziehung oder Lust ist, sondern die Konfrontation mit der Anima, mit dem Weiblichen in uns und um uns – dasselbe gilt umgekehrt für die Frau.

Die sexuellen Phantasien der Mehrzahl der Männer und Frauen sind wilder und bizarrer als das gelebte sexuelle Leben. Unglücklicherweise reagieren Analytiker und Psychologen auf solche Phantasien oft herablassend und pathologisierend. Ein Kommentar zu einer besonders lebhaften und abartigen sexuellen Phantasie eines Patienten mag folgender sein: »Dieser junge Mann, oder diese junge Frau, ist noch nicht beziehungsfähig. Er ist noch ganz das Opfer seines unmenschlichen sexuellen Triebes.« Oder: ein Analytiker sagt während einer Fallbesprechung zu einem Kollegen: »Er mißbraucht seine Freundin, um seine sexuellen Phantasien auszuleben. Es fehlt ihm noch an Zärtlichkeit.« Ein anderer Kommentar: »Dieser alte Mann leidet an seniler Geilheit.« Der Ausspruch »er flüchtet sich in Phantasien« wird auch häufig gehört. Diese herablassende, pathologisierende Betrachtungsweise wirkt zerstörend auf die Seele. Individuation wird nicht nur in Projektionen und nicht nur in menschlicher Beziehung erlebt. Der Prozeß muß innerlich vor sich gehen, mittels lebendiger Symbole; nicht nur in Überlegungen und Gedanken, sondern in Symbolen, die Seele *und* Körper ergreifen, also den ganzen Menschen in Beschlag nehmen.

Ich möchte noch einmal betonen, daß das sexuelle Leben, vor allem wie es sich in Phantasien zeigt, ein intensiver Individuationprozeß in Symbolen ist. Diese Art des Prozesses muß respektiert und anerkannt werden. Es ist unpsychologisch, dieses Phänomen als etwas Primitives zu verstehen, welches vielleicht eine gewisse symbolische Bedeutung haben mag, aber das nur sublimiert und somit auf höherer Ebene erlebt werden sollte. Es ist ein Schaden für die Seele, wenn sexuelles Leben allzu sehr vergeistigt wird. Allerdings muß ich hier Mißverständnissen vorbeugen:

Es geht nicht unbedingt um ein wildes Ausleben der Sexualität, wie es zum Beispiel Wilhelm Reich vertritt. Das sexuelle Leben, und besonders die Phantasie mit ihren vielen Merkwürdigkeiten und Schönheiten, ist nur eines der vielen Medien, worin sich die Individuation abspielt; es ist nicht das Medium par excellence, das uns weiterbringt.

Daß oft auch die merkwürdigsten sexuellen Phantasien und Praktiken einen Zusammenhang mit der Individuation, also mit dem Heil, haben, möchte ich im folgenden anhand einiger Beispiele darstellen: Ich behandelte einmal einen Studenten, einen Fetischisten, der wegen Diebstahls von weiblicher Unterwäsche mit dem Strafgesetz in Konflikt geraten war. Ich war damals selber noch in der psychiatrischen Ausbildung und versuchte, dem Studenten durch Aufdecken gewisser psychodynamischer Zusammenhänge weiterzuhelfen. Eines Tages kam er dann und las mir mit triumphierender Stimme die Stelle vor, wo Faust Helena begegnet. Er las mir vor, wie Faust nach langem Suchen schließlich dem schönsten weiblichen Wesen in der Welt gegenüberstand, der schönen Helena, und wie sie verschwand und Faust allein mit einem Stück Tuch in der Hand stehenblieb.

»Frauen sind sowieso nur ein Symbol«, erklärte er mir, »vielleicht ist das Erlebnis der Begegnung mit dem Weiblichen tiefer, wenn man nur ein Bekleidungsstück, ein Objekt, welches die Frau symbolisiert, in den Händen hat, statt ihrer selber. So vergißt man wenigstens nie, daß die Phantasie beinahe so wichtig ist wie die Realität.« Dieser Patient hatte in gewisser Hinsicht recht. Er setzte Sexualität nicht mit Fortpflanzung, nicht mit reiner Lust und nicht mit menschlicher Beziehung gleich. Er verstand sie als etwas Symbolisches.

Durch ihn wurde mir klar, daß die Sexualität anders verstanden werden mußte, als ich es bisher tat. Ich begann mich zu fragen, ob nicht oft sexuell Abartige in eigentümlicher Weise dem Phänomen der Sexualität näher kommen als sogenannte Normale. Wobei ich noch einmal repetieren muß: Die Begriffe »normal« und »abnormal« im sexuellen Leben haben etwas von ihrer Bedeutung verloren. Individuation gibt uns den Schlüssel zur Sexualität und nicht Normalität oder Abnormalität.

Wie ich bereits erwähnt habe, ist es ein großes Anliegen des Individuationsprozesses, die dunkle und destruktive Seite in uns zu erleben. Dies kann – neben vielen anderen Möglichkeiten – im sexuellen Medium geschehen. Das heißt allerdings nicht, daß man unbedingt von Phantasien eines Marquis de Sade oder eines Leopold Sacher-Masoch heimgesucht werden muß oder sie ausleben sollte. Es bedeutet vielmehr, daß Phantasien ähnlicher Art verstanden werden können als der symbolische Ausdruck eines Individuationsprozesses, der sich im Lande der sexuellen Götter abspielt.

Ich behandelte einmal eine masochistische Frau, eine Flagellantin, und ich versuchte ihr zu helfen, sich zu normalisieren. Ich war sogar erfolgreich: Ihr masochistisches Agieren hörte auf, und sie unterdrückte ihre masochistischen Phantasien. Sie begann jedoch an unerklärlichem Kopfweh zu leiden, das ihr berufliches Leben schwer behinderte. In einer Art visionärem Erlebnis – die Patientin war Negerin, und in ihrer Umgebung waren Visionen nichts Ungewöhnliches – erschien ihr Moses und forderte sie auf, mit den Flagellationen fortzufahren; tue sie dies nicht, so würden die Ägypter ihn töten. Aufgrund dieser Visionen entwickelte sie eine komplizierte Theorie, die zum Teil auf den Flagellationsritualen mexikanischer Christen basierte und besagte, daß sie sich nur durch ihren Masochismus mit den Leiden der Welt auseinandersetzen könne.

Sie ließ sich wiederum von masochistischen Phantasien überschwemmen, das Kopfweh verschwand, und sie entwickelte sich psychisch recht gut. Dieses Beispiel soll nur als Illustration und nicht als Beweis dienen.

Das Phänomen des Sado-Masochismus hat die Psychologen immer wieder verwundert. Wie kann Lust und Schmerz zusammenkommen? Masochismus ist für viele Psychologen und Psychoanalytiker etwas derart Widersinniges, daß sie sogar so weit gehen zu behaupten, Masochisten versuchten zwar hie und da, ihre Phantasien im Detail und mit viel Theater auszuleben; wenn es dann aber wirklich zum Leiden komme, so höre das Ausleben sofort auf. Dies ist jedoch nicht völlig richtig und bezieht sich außerdem zum Teil auf sexuelle Abarten. Das agierende sexuelle Leben entspricht selten völlig den Phantasien. Wir wissen aber, daß es viele Masochisten gibt, die entwürdigende Schmerzen nicht nur suchen, sondern auch mit Lust erleben.

Masochismus spielte eine große Rolle im Mittelalter, als Flagellanten die Städte und Dörfer überschwemmten. Viele der Heiligen verwendeten viel Zeit und Energie darauf, sich zu schlagen; Mönche oder Nonnen betrachteten es als religiöse Routineübung, sich selber Schmerzen und Erniedrigung zuzufügen. Der Versuch der modernen Psychiatrie, alle diese kollektiven Phänomene als den Ausdruck perverser und neurotischer Sexualität zu verstehen, scheint mir nicht befriedigend zu sein. Von der Individuation her kommen wir dem Phänomen etwas näher. Ist nicht das Leiden unseres Lebens, und des Lebens ganz allgemein, etwas vom schwierigsten, das anzunehmen ist? Die Welt ist so voller Schmerz, und wir leiden alle körperlich und seelisch, daß sogar Heilige Mühe haben,dies zu verstehen. Es ist eine der schwierigsten Aufgaben des Individuationsprozesses, Leid und Freud, Schmerz und Lust, Gottes Freundlichkeit und Gottes Zorn anzunehmen. Die Gegensätze, Leiden und Freuden, Lust und Schmerz, sind im Masochismus symbolisch vereinigt. Und so kann das Leben wirklich angenommen werden, sogar der Schmerz kann freudig erlebt werden. Der Masochist setzt sich auf eine merkwürdige, phantastische Art und Weise mit den größten Gegensätzen unserer Existenz auseinander.

Vergewaltigungen spielen in den Träumen und Phantasien von Frauen eine große Rolle; sie sind sogar oft das Zentrum von zwanghaften Ängsten. Ob abschreckend, empörend oder anziehend, auf jeden Fall ist die Vergewaltigungsphantasie für die weibliche Psyche oft wichtig. Vergewaltigung ist eines der großen Themen der griechischen Mythologie und der darstellenden bildenden Künste.

Vielleicht hat das Vergewaltigungsmotiv etwas zu tun mit dem plötzlichen und brutalen Überwältigtwerden der Seele durch den Geist; der Animus überrennt die willig-unwillige weibliche Seele. In meiner psychotherapeutischen Praxis sah ich immer wieder, wie Vergewaltigungsphantasien, verstanden als ein psychologischer Wert, als ein lebendes Symbol, als etwas, das weder reduziert noch überwunden werden muß und kann, die Patientinnen in Bewegung hielten und ihnen auch auf dem Weg der Individuation, dem Weg zum Heil, weiterhalfen.

Es wird vielleicht langsam verständlich, weshalb wir versuchen, uns von allen »Normalitäts-Leitbildern« loszulösen. Es ist dieses verkrampfte Festhalten an einer sogenannten normalen Sexualität, das uns ein echtes Verständnis verunmöglicht. Ein großer Teil der sexuellen Phantasien der Menschheit sind, von den Normalitätsvorstellungen aus gesehen, sehr eigentümlich. Wir können ein psychologisches Phänomen nicht verstehen, indem wir einfach einen beachtlichen Teil als abnormal oder pathologisch erklären.

Ich möchte hier zeigen, daß die sogenannten Perversionen zum Verständnis der Sexualität unerläßlich sind. Um den Schwierigkeiten nicht auszuweichen, habe ich mich einer der schwerstverständlichen Variationen des sexuellen Lebens, dem Masochismus, zugewandt. So wollen wir den einmal eingeschlagenen Weg zu Ende gehen. Masochismus ist fast immer mit Sadismus kombiniert. Man spricht von Sado-Masochismus. Masochismus ist für den im biologischen Modell verhafteten Psychologen, der glaubt, das psychische Leben durch Überlebensmechanismen erklären zu können, ein Stein des Anstoßes. Merkwürdigerweise scheint Sadismus weniger denkerische Schwierigkeiten zu bereiten; es sind höchstens gewisse moralische Vorstellungen, die einem den Zugang zu diesem Phänomen verbauen.

Zuerst einmal einige begriffliche Abklärungen. Unter dem klassischen Sadismus verstehen wir sexuelles Lustgefühl bei der Verursachung oder Beobachtung von körperlichen und seelischen Leiden des Partners. Unter Sadismus im erweiterten Sinn wird Grausamkeit verstanden, nämlich das Vergnügen, andere körperlich oder seelisch leiden zu machen, ohne jedoch unbedingt dabei ein sexuelles Lustgefühl zu empfinden. Unter moralischem Sadismus wird die Neigung verstanden, Freude daran zu haben, andere Menschen seelisch leiden zu machen. Aggression ist hingegen etwas, das mit den bisher erwähnten Phänomenen nicht besonders viel zu tun hat, aber oft damit vermischt wird. Sie ist die Fähigkeit und die Freude, sich durchzusetzen, den Gegner zu besiegen und zu überwinden, eine Situation durch Aktivität zu meistern, im Wettkampf mit den Mitmenschen als Erster herauszukommen. Aggression in diesem Sinne ist ein notwendiger Überlebenstrieb. Es geht der Aggression nicht unbedingt darum, den andern Menschen Leid oder Schmerzen zuzufügen, sondern sich selber nachdrücklich zu behaupten. Und da Sadismus irrtümlicherweise oft mit der an sich leicht verständlichen biologischen Aggression verwechselt wird, scheint er denkerisch weniger Schwierigkeiten zu bereiten als der Masochismus.

Die Freude, andere Menschen körperlich oder seelisch leiden zu sehen, ist sehr häufig, viel häufiger als reiner sexueller Sadismus. Allerdings tönt bei der nicht speziell sexuell gefärbten Grausamkeit sehr oft im Hintergrund ein sexueller Unterton mit. Grausamkeit, Freude am Quälen der Mitmenschen, wird, seit wir Kunde vom Verhalten der Menschheit haben, immer wieder beschrieben; es beschäftigt unsere Phantasie und füllt die Kinos. Die Römer, deren Zivilisation und Kultur als Grundpfeiler der westlichen Welt gilt, kannten in dieser Hinsicht sehr wenig Hemmungen. Um sich zu amüsieren, warfen sie Sklaven und Kriminelle wilden Tieren vor. Wenn in einem Theaterstück eine Kreuzigung vorkam, so wurde diese an einem Verbrecher auf der Bühne realistisch vollzogen.

Peter der Große von Rußland soll seinen Gästen als Amusement Enthauptungen vorgeführt haben. Mary Queen of Scots mußte in ihrer Jugend als Dauphine de France zusehen, wie während des Desserts Hugenotten zu Tode gequält wurden. Öffentliche Hinrichtungen waren zu allen Zeiten große Volksfeste. Großmütter hoben bei solchen Anlässen ihre kleinen Enkelinnen auf ihre Schultern, damit diese alles gut sehen konnten. Und die Grausamkeiten des Zweiten Weltkrieges sind uns allen bekannt.

Grausamkeit zwecks sexueller Lustbefriedigung wird seit historischer Zeit beschrieben. Marquis de Sade, ein französischer Edelmann des 18. Jahrhunderts, ist der heute bekannteste Schriftsteller, der dieses Phänomen behandelt. Der größte Teil sadistischer Sexualität spielt sich aber in den Phantasien und Träumen der Menschen ab. Im Sadismus zeigen sich seelische Komponenten, die für die Entwicklung des Menschen von größter Wichtigkeit sind.

Der Sadismus ist zum Teil als Ausdruck der destruktiven Seite des Menschen zu verstehen: des Kernes, des Schattens, des Mörders in uns. Eine spezifisch menschliche Eigenschaft ist es, Freude an der Zerstörung zu empfinden. Es ist hier nicht der Ort, darauf einzugehen, ob diese Freude zum menschlichen Wesen gehöre oder das Resultat einer Fehlentwicklung sei; wobei ich ersteres annehme. Auf alle Fälle ist die Destruktivität ein psychologisches Phänomen, mit dem sich jeder lebendige Mensch auseinandersetzen muß. Die Freude am Zerstören, am Vernichten, am Quälen wird in dem Sinne auch im sexuellen Medium erlebt.

Die Freude an der Zerstörung anderer und die Selbstdestruktivität hängen zusammen. In diesem Sinne verwundert es nicht, daß Sadismus und Masochismus immer zusammen auftreten; der selbstzerstörerische Mörder ist das Zentrum des archetypischen Schattens, das Zentrum der auf nichts reduzierbaren Destruktivität im Menschen. Eine andere Komponente des Sadismus ist der Machtrausch. Es bereitet sexuelle Lust, sich den Partner völlig zu unterwerfen, mit ihm zu spielen wie die Katze mit der Maus. Wieder ein anderer Aspekt des Sadismus ist, daß der Partner zum reinen Objekt degradiert wird. In sadistischen Phantasien spielt das Anbinden des Partners und das »kühle« Beobachten seiner Reaktionen eine große Rolle. Der Partner wird zum reinen Ding, mit dessen Reaktionen gespielt wird.

Diese sadistische Objektivierung spielt in vielen sexuellen Beziehungen eine ziemlich große Rolle. Sie wird sehr oft abgelehnt. Eine sexuelle oder eine allgemein menschliche Beziehung soll immer eine Begegnung von zwei gleichberechtigten Partnern sein, so wird gefordert. Sobald der andere zum Objekt werde, sei es nun, um Lust zu befriedigen oder um es interessiert zu beobachten, sei die Beziehung ungesund.

Ich glaube aber, daß wir auch hier allzu sehr von Vorurteilen geleitet werden. Jede Beziehung besteht immer auch in einer Objektivierung. Es ist immer nötig, den Partner auch völlig sachlich, objektiv betrachten zukönnen. Einerseits erleben wir in der Liebe eine völlige Identifikation mit dem Gegenüber; andererseits sollte aber einer kühlen Objektivierung nicht ausgewichen werden. Ohne Objektivierung bliebe eine Beziehung chaotisch und gefährlich. Wie oft hören wir bei Scheidungen: »Ich habe ihn so geliebt, und jetzt geschieht dieses; ich kenne ihn einfach nicht wieder. Er hat sich so verändert; er ist ein anderer Mensch.« Diese Enttäuschung, diese Überraschung zeigt sich vor allem bei Beziehungen, bei denen der Objektivierung ausgewichen wurde.

Im Sadismus drückt sich also Destruktion, Macht und Objektivierung im sexuellen Medium aus. Ich möchte hier auf den Individuationscharakter der Sexualität hinweisen und nicht etwa die sexuellen Perversionen glorifizieren. In diesem Zusammenhang scheint es mir auch richtig, zu zeigen, daß die große Spielbreite der menschlichen Sexualität, namentlich wie sie sich in sexuellen Phantasien zeigt, nicht nur als Pathologie verstanden werden kann.

Am ergreifendsten zeigt sich allerdings der Individuationscharakter der Sexualität in der liebenden intensiven Begegnung von Mann und Frau, in deren vorübergehenden ekstatischen Verschmelzung im Liebesakt. Dieses den Menschen immer wieder aufs tiefste erschütternde Erlebnis kann nicht nur als biologische Kopulation begriffen werden. Dies gewaltige Ereignis, in dem sich Mann und Frau körperlich und seelisch vereinigen, ist als ein lebendiges Symbol des »mysterium coniunctionis«, des Zieles des Individuationsweges, zu verstehen. Die sexuelle Verbindung von König und Königin wird auch von den Alchimisten als die Krönung ihres Werkes betrachtet. Die sexuelle Vereinigung drückt die Überbrückung aller in uns herrschenden Gegensätze und Unvereinbarkeiten aus. Mann und Frau ergänzen sich zum Teil, zum Teil sind sie gegensätzlich und zum Teil überhaupt nicht aufeinander abgestimmt. Im Liebesakt wird die gesamte Polarität und Zerrissenheit des Seins überwunden. Dies ist seine Faszination und nicht etwa die mit ihr verknüpfte mögliche Folge der Fortpflanzung. Der Liebesakt ist auch weit mehr als nur Ausdruck der persönlichen Beziehung zwischen dem betreffenden Mann und der betreffenden Frau. Es ist ein Symbol von etwas, das über die persönliche Beziehung hinausgeht. Dies erklärt das häufige Vorkommen von erotischen Bildern in der Beschreibung religiöser Erlebnisse: Die mystische Vereinigung mit Gott wird in Liebesakten symbolisiert. In dem Sinne sind auch die meisten Liebesgeschichten der Welt, die Liebesgedichte und Gesänge über die Vereinigung von Mann und Frau nicht nur als Ausdruck erotischen Lebens zu verstehen, sondern als religiöse Symbole.

Freud stellt sehr eindrücklich dar, wie sich all die sexuellen Teiltriebe im sexuellen Akt sozusagen zu einem großen Erlebnis zusammenfinden. Aus der merkwürdigen und faszinierenden Vielfalt der sexuellen Triebe wird im sexuellen Akt ein großes Ereignis.

Das sexuelle Leben und die erotischen Phantasien sind deshalb so reich und vielgestaltig, weil durch diese lebendigen Symbole jegliche mögliche Variation des seelischen Lebens erlebt werden kann. So wie Jung die eigenartigen Aktivitäten und Phantasien der Alchimisten als Bilder unserer seelischen Entwicklung und Individuation verstand, so können wir den Prozeß der Individuation im sexuellen Leben mit seinen »Abarten« erkennen und verfolgen. In diesem Zusammenhang verstehen wir auch die Größe Freuds. Er glaubte zwar, die Sexualität lediglich innerhalb des biologischen Modells beschreiben zu können, aber er beschrieb sie außergewöhnlich differenziert und wähnte, in ihr die Grundlage des menschlichen Verhaltens gefunden zu haben. Nur ein Psychologe der Jungschen Schule kann die Freudsche Psychologie erfassen; Freud setzte sich mit der Sexualität auseinander und wurde von deren faszinierenden Erscheinungen überwältigt. Sozusagen gegen sich selber schuf er eine moderne, lebendige sexuelle Mythologie. Hier ein Beispiel: Das Bild, das Symbol des polymorph-perversen Kindes – es ist das ganze Leben hindurch in uns allen. Einige Aspekte allerdings werden verdrängt und führen nur noch ein Schattendasein in Träumen und geheimen Phantasien. Was anderes ist das polymorph-perverse Kind als das Selbst der Jungschen Psychologie, das Symbol der Gesamtheit der Psyche, des göttlichen Kerns in uns, welcher alles enthält, alle Möglichkeiten und Gegensätze unserer Psyche?

Ich möchte hier ein weiteres Charakteristikum des sexuellen Lebens mit allen seinen Abarten erwähnen, welches auch nur vom Individuationsprozeß her wirklich verstanden werden kann. Ich meine Schamgefühl und Geheimhaltung. Das sexuelle Leben, werde es ausgelebt oder phantasiert, wird von den meisten Leuten geheimgehalten. Sogar in der analytischen Begegnung kann es Jahre dauern, bevor die tiefsten sexuellen Phantasien preisgegeben werden. Die meisten sexuellen Bilder, die in Träumen der Patienten erscheinen, werden verharmlost und abgeschwächt. Vom Gesichtspunkt der Fortpflanzung, der Lust oder der mitmenschlichen Beziehung ist dieses Bedürfnis nach Geheimnis kaum verständlich. Geheimnis und Intimität sind aber Eigenschaften der Seele und des Individuationsprozesses. Zeitweise muß sich dieser Prozeß in einem geschlossenen Gefäß abspielen; nichts und niemand darf ihn stören.

Die dämonische Seite der Sexualität

Ich habe oben dargestellt, daß christliche Theologen lange Zeit die Sexualität nur in Verbindung mit Fortpflanzung anerkennen konnten. Sie erlebten die Erotik als etwas Dämonisches, Unheimliches, das bekämpft oder neutralisiert werden mußte. Alle diese mittelalterlichen Theologen waren sicher intelligente, differenzierte, nach Wahrheit und Erkenntnis suchende Menschen. Daß sie die Sexualität derart dämonisch erlebten, kann deshalb nicht leichtfertig abgetan werden. Irgend etwas Wahres drückten sie damit doch aus.

Noch heute wird Sexualität dämonisiert. Alle Versuche, sie völlig zu verharmlosen und als etwas »ganz Natürliches« darzustellen, scheitern. Auch dem modernen Menschen erscheint die Sexualität in gewissen Erscheinungsformen immer wieder als etwas Böses und sündhaft Unheimliches.

Als Beispiel möchte ich die Theorien über die Wirkung der sogenannten Primärszene anführen. Schüler von Freud und unter ihrem Einfluß ein großer Teil der gebildeten öffentlichen Meinung vermuten, daß man bei einem Kind, das zufällig Zeuge des sexuellen Kontakts der Eltern würde, mit schweren psychischen Folgen rechnen müßte. Viele neurotische Entwicklungen werden auf solche Kindheitserlebnisse zurückgeführt.

Irgend etwas an dieser Theorie scheint doch eigenartig: Neunzig Prozent der Menschheit lebt in Wohnverhältnissen, bei denen es völlig unmöglich ist, daß die Kinder nicht zufällig sexuelle Aktivitäten der Eltern bemerken. Nur ein kleiner Teil der Menschheit ist wirtschaftlich imstande, mit der Familie in mehr als ein oder zwei Räumen zu leben. Das Beobachten von sexuellen Kontakten der Eltern oder anderer Erwachsener beeindruckt die Kinder bestimmt tief. Ob aber ein solches Erlebnis, wirklich neurotisierend wirken soll, müßte noch bewiesen werden. Es hieße dann nämlich, daß Erlebnisse, die unausweichbar zur Kindheit der meisten Menschen gehören, schweren Schaden anrichteten. Dies ist jedoch sehr unwahrscheinlich – außer man verstehe Sexualität als etwas an sich Unheimliches und beinahe magisch Wirkendes!

Um jeglichem Mißverständnis vorzubeugen: moderne Psychologen, die mit der Enttabuisierung des Sexuellen derart weit gehen, daß sie die Eltern auffordern, die Kinder nicht von ihrem sexuellen Leben auszuschließen, schütten allerdings das Kind mit dem Bade aus. Moderne Kinderbuchautoren, die glauben, in Kinderbüchern müsse selbst das sexuelle Leben der Eltern gezeigt werden, sind meiner Ansicht nach naiv. Sie übersehen den Inzest-Komplex, der sich in dem allgemein verbreiteten Inzest-Tabu ausdrückt. Ein hemmungsloses Vorführen der sexuellen Aktivität der Eltern regt die inzestuösen Wünsche und die damit verbundene Eifersucht der Kinder allzusehr an. Die ödipale Situation wird dadurch unangenehm verschärft. Andererseits ist es glücklicherweise nur sehr wenigen Eltern möglich, sich vor ihren eigenen Kindern sexuell hemmungslos zu geben; dies hängt ebenfalls mit dem Inzest-Tabu zusammen. Auch die Eltern wehren sich instinktiv gegen eine zu starke Stimulierung ihrer Inzest-Phantasien und – Neigungen. Die Verdrängung von Tabus richtet wahrscheinlich mehr seelischen Schaden an als deren ehrfürchtige Anerkennung. Einige der großen Tabus – wie das Inzest-Tabu – schützen uns mehr, als sie uns einengen.

Es ist hier nicht der Ort, ausführlich auf das Problem des Inzest-Tabus einzugehen. Erinnern möchte ich jedoch daran, daß das Inzest-Tabu wahrscheinlich nicht biologisch verstanden werden darf. Hätten die Menschen Inzest getrieben, so hätten sich die ungünstigen Erbanlagen zwar potenziert; Kinder mit solchen ungünstigen Anlagen wären dann aber meistens gestorben, und so gäbe es vielleicht weniger ungünstige Erbanlagen unter den Menschen. Als instinktives eugenisches Verhalten ist das Inzest-Tabu nicht befriedigend zu erklären. Es hängt sicher auch mit dem Drang des Menschen zusammen, sich weiter zu entwickeln und sich immer wieder mit neuen Seelen zu konfrontieren. Enge gegengeschlechtliche Verbindungen müssen immer wieder außerhalb der Familie eingegangen werden, damit die menschliche Entwicklung nicht stagniert.

Ein anderes Beispiel, das zeigt, wie verbreitet die Vorstellung noch immer ist, das Sexuelle sei etwas magisch Schädliches, drückt sich in den Gesetzen und der richterlichen Praxis gegenüber den Exhibitionisten aus. Erlebnisse mit Exhibitionisten sind für viele Kinder und erwachsene Frauen schrecklich. Daß es deshalb aber notwendig ist, Exhibitionisten mit längeren Gefängnisstrafen abzuschrecken oder sie gar zur Kastration zu zwingen, ist eine fragwürdige Reaktion. Wir wissen, daß Exhibitionisten in der Regel harmlos sind und gerade deshalb exhibitionieren, weil sie Angst vor dem weiblichen Geschlecht haben und sich nicht getrauen, sich diesem zu nähern. Die Gefahr, von einem sogenannt normalen Mann vergewaltigt zu werden, ist bedeutend größer als diejenige, von einem Exhibitionisten mißbraucht zu werden.

Richtig ist allerdings, daß viele Erwachsene, die unter sexuellen Schwierigkeiten leiden, sagen, diese stammten von einem bestimmten unangenehmen sexuellen Kindheitserlebnis her, wie der Begegnung mit einem Exhibitionisten. Das Bedürfnis des Menschen nach Kausalität ist sehr groß. Wenn jemand an einer Magenverstimmung leidet, so beschuldigt er das kalte Bier, das er tags zuvor getrunken hatte; viele Homosexuelle versuchen, wenn sie gesellschaftlich unter ihrer Homosexualität leiden oder deswegen angeklagt werden, die Homosexualität auf eine Verführung durch einen Homosexuellen im jugendlichen Alter zurückzuführen. So werden auch von vielen Frauen gewisse sexuelle Schwierigkeiten auf Begegnungen mit Exhibitionisten zurückgeführt.

Ein anderes Beispiel, wie Sexualität heute noch als unheimlich erlebt wird, ist die Reglementierung und Ausschließung der Sexualität aus den meisten Krankenhäusern. Wenn sich Kranke nur sehr kurz in einem Spital aufhalten, ist diese Verbannung der Sexualität kein großes Problem. Daß aber in Institutionen, wo die Patienten über längere Zeit hinweg leben, wie in Nervensanatorien oder Sanatorien für Tuberkulöse, jegliches sexuelle Leben innerhalb der Institution oft streng verboten wird, kann nur durch die Dämonisierung des Sexuellen erklärt werden. Man nimmt dort an, daß diesen

Hilfsbedürftigen ein sexuelles Leben auf eine unheimliche, rätselhafte Art und Weise schaden könnte. Aber weshalb eigentlich? Weshalb dürfen die Patienten in den meisten Nervensanatorien nicht miteinander, auch innerhalb der Anstalt, sexuellen Kontakt aufnehmen?

Im folgenden ein weiteres Beispiel, das zeigt, wie als selbstverständlich angenommen wird, daß das Sexuelle etwas Unheimliches sein müsse. Der sexuelle Verkehr mit Schwachsinnigen wird zum Beispiel in der Schweiz strafrechtlich geahndet. Man wollte damit die Schwachsinnigen vor Mißbrauch schützen. Im Grunde genommen aber verunmöglicht man dadurch das sexuelle Leben der Schwachsinnigen. Daß ein solch unhumanes Gesetz nicht auf Widerstand stößt, zeigt wieder, daß der Sexualität beinahe magische Wirkung zugeschrieben wird.

Noch ein letztes Beispiel: Sportler, wie die Teilnehmer der Olympiade, werden von ihren Trainern oft streng angehalten, sich während der Wettkämpfe nicht sexuell zu betätigen. Es ist vorgekommen, daß Olympiateilnehmer heimgeschickt wurden, weil sie sich auf ein sexuelles Abenteuer einließen. Dabei ist bekannt, daß es gewissen Sportlern sogar gut tut, sich vor großen sportlichen Leistungen sexuell zu betätigen. Hier sind uralte Vorstellungen am Werk: Bei gewissen Naturvölkern dürfen sich die Männer, bevor sie in den Krieg ziehen, nicht sexuell mit Frauen einlassen.

Das Dämonische der Sexualität zeigt sich vielleicht auch darin, daß es sehr schwierig ist, sexuelles Ausleben nur als »Genuß«, nur als Lust zu erleben und anzunehmen. Nur wenige Menschen können Sexualität »rein genießen« wie eine gute Mahlzeit. Die »Glas-Wasser-Theorie« – sexuelles Erleben entspricht dem Durststillen – wird zwar immer wieder vertreten, aber selten von einem Menschen über längere Zeit erlebt. Was bedeutet nun für die Psychologie, daß Sexualität offenbar immer etwas Unheimliches an sich hat; heute noch, wo man glaubt, dies überwunden zu haben? Unheimlich ist immer Unverständliches, Eindrückliches, Numinoses. Wo Göttliches erscheint, beginnen wir uns zu fürchten. Der Individuationsprozeß, der stark religiösen Charakter hat, wird in vieler Hinsicht als numinos erlebt. Alles, was mit dem Heil zu tun hat, hat auch

unheimlichen, unvertrauten Charakter; es enthält immer Über-
menschliches. Die Dämonisierung der Sexualität ist vielleicht aus
deren Individuationscharakter verständlich. Sie ist nicht nur eine
harmlose biologische Tätigkeit, sondern ein Symbol für etwas, das
mit dem Sinn unseres Lebens, mit unserem Streben und Sehnen
nach dem Göttlichen zusammenhängt.

Die Sexualität bietet uns Symbole für alle Aspekte der Individuation
an. Die Begegnung mit dem Elterlichen wird in dem Inzest-Drama
erlebt. Die Auseinandersetzung mit dem Schatten erfolgt in den
destruktiven sado-masochistischen Komponenten der Erotik. Die
Begegnung mit der eigenen Seele, mit der Anima und dem Animus,
mit dem Männlichen und dem Weiblichen, kann sexuell gestaltet
werden. Selbstverliebtheit und Liebe für den anderen wird körperlich im Sexuellen, sei es in Phantasien oder Aktivitäten, erlebt. Die
Vereinigung aller Gegensätze, die »unio mystica«, das »mysterium
coniunctionis«, drückt sich symbolisch nirgends eindrücklicher aus
als in der Sprache der Erotik.

Umfassende Sexualität in der Ehe

Ich habe bereits oben betont, daß die Individuation auf verschiedene Art und Weise geschehen kann. Das Heil kann auf tausenderlei Arten erstrebt werden. Es steht einem Menschen nicht nur eine Form der Individuation offen, sondern gleichzeitig mehrere, die sich alle voneinander unterscheiden.

Die Individuation in der Sexualität, das heißt durch sexuelle Symbole, möchte ich als die *triebhafte Individuation* bezeichnen. Sie wird uns aufgedrängt, gegeben, ohne daß wir große Entscheidungen zu treffen haben. Deshalb ist die sexuelle Individuationssymbolik so wichtig; von ihr kommen die meisten Farben, Bilder und Geschichten für alle Arten der Individuation.

Eine grundsätzlich andere Form der Individuation ist die von uns beschriebene Konfrontationsehe. Zu einer Ehe entschließt man sich, man hat also die Wahl. Die Individuation durch Ehe möchte ich den *Entscheidungs-Individuationen* zurechnen. Für eine Ehe entscheidet man sich, wie man sich entscheidet, in Analyse zu gehen, einen Beruf zu ergreifen und so weiter.

Ehe und Sexualität waren zu allen Zeiten und sind zum Teil noch heute eng miteinander verbunden; namentlich Frauen war und ist es in vielen Kulturkreisen nicht erlaubt, Sexualität außerhalb der Ehe zu erleben. Das Mädchen mußte sich als Jungfrau mit dem Manne verheiraten. Die Gesetze stellen auch heute noch fest, daß sexuelle Beziehungen von Eheleuten außerhalb der Ehe als Ehebruch anzusehen sind. In einer Ehe, die vor allem als Heilsweg verstanden wird, ist die Sexualität natürlich ein ideales Feld des Suchens nach dem Heil der Individuation. In einer solchen Ehe dient die Sexualität nicht vor allem der Fortpflanzung und nicht nur der zwischenmenschlichen Beziehung und der gegenseitigen Liebe, sondern auch der Passion nach Individuierung.

In diesem Sinne gibt es keine normale und keine abwegige Sexualität unter Eheleuten. Alles ist möglich, alles ist erlaubt, da alles der Ausdruck von Individuationsphantasien ist. Und doch gibt es immer wieder Ehepaare, deren Sexualität durch einen gewissen Normalitätsdruck eingeschränkt wird. Jeder glaubt, sich dem anderen nur innerhalb einer gewissen Begrenzung zeigen zu dürfen, jeder hält das zurück, von dem er glaubt, daß es eigentlich nicht sein sollte. Dazu kommt, daß sich ein Mann und eine Frau nur sehr selten sexuell völlig ergänzen. Anstatt daß sich beide gegenseitig ermutigen, ihre geheimsten und auch eigentümlichsten sexuellen Phantasien auszudrücken oder zu erzählen, herrscht eine gewisse Angst vor Abnormalität, sogar eine gewisse Neigung zur moralistischen Verurteilung all dessen, was dem einen Partner nicht unbedingt liegt. Die Folge davon ist, daß Individuationsmaterial aus der Ehe ausgeschlossen wird oder anderweitig gelebt oder, was beinahe ebenso schwerwiegend ist: daß ein Partner passiv, jedoch vorwurfsvoll mitmacht.

Es geht in der Ehe darum, die gemeinsamen sexuellen Interessen zu leben und die unterschiedlichen wenn möglich anzunehmen, auf alle Fälle jedoch nicht abzulehnen. So lernt man sich und den anderen im Erhabensten und Niedrigsten kennen. So durchschreitet man aktiv den Seelenurwald, wobei wie in dem Mythus von Culhwch nicht alle Taten selbst ausgeführt werden müssen.

In bestimmten Ehen kann dies allerdings schwierig sein. Der Mann mag bisexuell – heterosexuell und homosexuell – interessiert sein. Wie soll eine Frau darauf reagieren? Soll sie ihn ermutigen, seine für sie nicht interessanten homosexuellen Phantasien zu erzählen, oder soll sie ihn gar ermuntern, die Homosexualität auszuleben? Es können hier keine allgemeingültigen Regeln gegeben werden; nur die Einstellung, mit der solche Probleme angegangen werden können, kann besprochen werden. Zu wünschen ist, daß jeder im Zweifelsfalle mit seiner Toleranz weiter geht, als seine eigenen Neigungen gehen. Eine Regel: Man versuche einander sexuell nicht auszuweichen, wie man sich auch psychisch nicht ausweichen möchte, da man bis zum Tode zusammenbleibt. Die Konfrontation hört nie auf. Wie diese gelebt wird, ist Sache jedes einzelnen

Ehepaares und jedes Partners. Jedes Paar schafft sich innerhalb der Ehe sein Heil, sucht seinen Individuationsweg. Eheleute sind in dieser Hinsicht völlig souverän und an keinerlei Vorstellungen von Normalität gebunden. Jede einzelne Ehe ist eine Welt für sich. »All is fair in love and war« – alles ist fair im Krieg und in der Liebe. Die Unabhängigkeit jeder einzelnen Ehe von allen Maßstäben bezieht sich nicht nur auf das sexuelle Verhalten, sondern auf das gesamte Wesen der einzelnen Ehepartner.

Ich muß hierzu etwas weiter ausholen. Den sogenannten normalen, vollkommen unneurotischen Menschen gibt es kaum. Jeder von uns versucht auf seine eigene merkwürdige Art, mehr oder weniger erfolgreich mit den grundlegenden unlösbaren Problemen und Gegensätzen des Lebens zu ringen, wie: Sehnsucht nach Betreutwerden, nach kindlicher Abhängigkeit auf der einen Seite und nach unabhängigem Dasein auf der anderen Seite, Loslösung von den Eltern und das Bedürfnis, ewig Kind zu bleiben, Sehnsucht nach Mitmenschen und Angst vor ihrer und der eigenen Aggression, Angst vor Schmerzen, Angst vor körperlichem Zerfall, Furcht vor dem Tode, das Streben, ewig zu leben durch Kinder und Kindeskinder, das Bedürfnis nach Macht und das Verlangen, sich unterzuordnen, Liebe und Haß, Gottesfurcht und Hybris usw. In diesem Sinne sind alle Menschen mehr oder weniger neurotisch. Unsere psychologischen Fähigkeiten, uns mit den seelischen Kraftfeldern auseinanderzusetzen, sind unterschiedlich.

Es treffen sich also in einer Ehe nie zwei völlig »gesunde« Menschen. Beide haben ihre neurotischen Merkwürdigkeiten und Verzerrungen. In einer Ehe geht es nun aber nicht darum, daß einer den anderen kuriert oder gar entscheidend ändert; dies ist nicht möglich. Durch die Heirat hat man sich immerhin vorgenommen, sich miteinander bis zum Tode zu konfrontieren. Die Ehe muß also irgendwie funktionieren, es müssen auch die neurotischen Symptome aufeinander abgestimmt werden. Die Merkwürdigkeiten seiner selbst und des Partners muß man ertragen, annehmen und in das Zusammenspiel einbauen können. Es ist sehr eindrücklich, wieviel extremes pathologisches Verhalten eine Individuationsehe zu ertragen vermag. In fast allen guten Ehen fände der geübte Psychologe genügend Neurotizismen, um die Ehe als unmöglich und scheidungsreif zu betrachten. In der Individuationsehe konfrontieren sich beide Partner mit allem, mit ihren gesunden und kranken, mit ihren normalen und abnormalen Wesenszügen.

Viele Ehen verdorren allerdings und verfehlen den Individuationsweg, indem sie versuchen, sich die Situation durch Abschneiden und Verdrängen wichtigster Wesenszüge zu erleichtern, seien es nun merkwürdige sexuelle Wünsche oder neurotische Züge. Je mehr man sich mit allem konfrontiert, desto interessanter und fruchtbarer wird der Individuationsweg.

Ehe ist keine Privatsache

Eine heute besonders häufige Form des Ausklammerns von Teilen der Psyche einzelner Ehepartner ist, daß sie sich absondern von der übrigen Familie, von den Eltern und so weiter.

Das Eingreifen von Familienangehörigen in Ehen führt immer wieder zu erheblichen Schwierigkeiten. In unzähligen populären Witzen und Karikaturen wird dargestellt wie die Schwiegermutter an der Haustüre auftaucht, zum Schrecken des Schwiegersohnes. Zerstörerische Einflüsse von Verwandten haben schon manche Ehe an den Rand der Scheidung gebracht. Gewisse Verwandte sind immer ein Problem. Die Mutter mischt sich allzu oft ein; der Vater versteht sich mit dem Schwiegersohn nicht; die Ehefrau bewundert ihren Vater mehr als ihren Mann; man schämt sich der Eltern, weil sie aus einem anderen Milieu stammen, weil sie geldgierig oder geistlos sind; irgendein Vetter erzählt nur Zoten, und ähnliches.

Viele Eheberater und Analytiker raten in solchen Fällen, die Beziehung zur Familie einzuengen oder, wenn nötig, abzubrechen. Dies kann vielleicht in einem einzelnen Falle durchaus richtig sein, ist aber vom Standpunkt der Konfrontationsehe als Individuationsweg meistens sehr fraglich. Nehmen wir die Idee des kollektiven Unbewußten, so wie es C.G. Jung versteht, ernst, so sind wir nicht nur vage mit der Psyche aller Menschen verbunden, sondern ganz besonders mit den Seelen unserer näheren und entfernteren Familienangehörigen. Um es etwas konkreter auszudrücken: In unserem Unbewußten befinden sich auch die Seelen unserer näheren und entfernteren Angehörigen. Sie sind ein Teil von uns, wie wir ein Teil von ihnen sind.

Den Kontakt mit der engeren und weiteren Familie abbrechen heißt nichts anderes als etwas verdrängen. Die Familienangehörigen sind zwar immer noch in unserer Seele, aber sie werden nicht mehr dadurch konkretisiert, daß sie an unserem Tisch sitzen.

Die Konfrontation in der Ehe dient vor allem dann der Individuation, wenn sie möglichst umfassend ist, möglichst alle Teile unserer Seele umschließt. Eine Konfrontation und Auseinandersetzung mit der Familie des Partners gehört also zum speziellen psychologischen Prozeß, gehört zu dem speziellen Heilsweg.

Eine Individuationsehe ist selten eine Privatsache. Dies drückt sich auch darin aus, daß in den meisten Heiratszeremonien die näheren und entfernteren Angehörigen teilnehmen, mit zur Zeremonie gehören. Die heutzutage Mode gewordenen »Eheschließungen in kleinstem Kreise« drücken die Wirklichkeit der Ehe rituell nicht adäquat aus. Sie sind Zeichen eines psychologisch unrealistischen Individualismus. Der einzelne wird nur verstanden als abgeschlossenes Individuum und nicht zusammenhängend mit dem kollektiven Unbewußten, das ihn mit allen anderen Menschen, vor allem aber mit seiner Familie, verbindet.

Ich habe die Erfahrung gemacht, daß Ehen von Menschen, die sich von ihrer Familie separieren, zwar oft relativ gut funktionieren, aber ausgesprochen steril und langweilig werden. Hier ein Beispiel: Die Frau stammte aus einer sogenannten primitiven Familie. Der Vater war gutverdienender Gewerbetreibender, der psychologisch sehr undifferenziert und grob wirkte. Die Mutter schien im Haushalt aufzugehen und hatte keinerlei kulturelle oder geistige Interessen. Das Gespräch der Eltern und Geschwister der Ehefrau bewegte sich um Fernsehprogramme und um die neuesten Nachrichten aus der Boulevardzeitung. Der Mann stammte aus einer bürgerlichen, etwas langweiligen Familie, deren Mitglieder zu Depressionen neigten. Seine Mutter nahm sich das Leben, als er ungefähr 20 Jahre alt war. Ein Bruder von ihm sah stets alles nur negativ und konnte einem durch seinen Pessimismus jede Freude verderben. Nach ihrer Heirat, welche die beiden nur im engsten Kreise mit Freunden feierten, brach das Ehepaar die Beziehung zu seinen Familien praktisch ab. Er war seiner depressiven Verwandten überdrüssig, und sie schämte sich ihrer Familie.

Die Ehe verlief im großen und ganzen recht friedlich, wirkte aber auch auf die Eheleute selber langweilig; und die wenigen Freunde des Paares empfanden die junge Familie als ausgesprochen steril und uninteressant. Die Frau hatte nun folgenden Traum: Sie streitet sich auf grobe Art mit ihrem Vater. Als sich einige Leute nähern, beginnt sie sich zu schämen und hat Angst, diese Leute würden sich über die grobe Sprache des Streites aufregen. Sie stößt ihren Vater von sich, und dieser fällt ins Wasser; es ist nicht ganz klar, ob sie ihn absichtlich in Wasser gestoßen hatte, auf alle Fälle versinkt er lautlos. Dann sagt einer aus der Menge zur Träumerin: er – der Vater – wisse, wie man Geld mit hohem Zins investieren könne…

Es würde zu weit führen, auf die vielen Assoziationen der Träumerin einzugehen. Hier nur eine: zum »Zins« assoziierte sie die Geschichte der nicht genutzten vergrabenen Talente im Neuen Testament. Die Analysandin war sehr interessiert an allem Finanziellen und verstand auch etwas davon. Im Zusammenhang mit den Assoziationen wollte der Traum ungefähr folgendes sagen: Dadurch, daß sie den Vater wegschob, ins Wasser, in die Versenkung stieß, war niemand mehr da, der wußte, wie man Geld mit Zinsen anlegen konnte. Dies hieß, daß die Frau unfruchtbar wurde, mit ihren Talenten nicht mehr wuchern konnte.

Das Opfer

Unter Josefsehe verstehen wir eine Ehe, in der die beiden Ehepartner auf Sexualität verzichten, also eine asexuelle Ehe. Sie wird heute als eine etwas merkwürdige »katholische Institution« belächelt. Psychiater und Psychologen würden eine solche Ehe, falls nicht eine organische Erkrankung die Ursache der Asexualität ist, als ein neurotisches Arrangement zweier in ihrer seelischen Entwicklung schwer gestörter Menschen bezeichnen. Vom Jugendalter bis zum Greisenalter wird heute von jedem ein gesundes und kräftiges sexuelles Leben verlangt. Kein gesunder Verheirateter, auch kein gesunder Lediger, soll ein asexuelles Leben führen. Gesunde kräftige Sexualität ist heute zur Pflicht geworden.

Dies ist eine konformistische, gleichmacherische Forderung. Sie verwechselt den Menschen mit dem Tier; sie verlangt, daß der Mensch »natürlich« lebe, und zu dieser Natürlichkeit wird auch die Sexualität gezählt.

Es finden sich oft Menschen, die kein großes Interesse an Sexualität haben, ohne »schwer neurotisch« zu sein. Hie und da finden sich Ehepaare, die nur sehr schwach an Sexualität interessiert sind. Eine solche Ehe ist durchaus nicht widersinnig. In der Ehe kann zwar, wie kaum je in einem anderen Stand, die Sexualität als Individuationssymbolik total ausgelebt werden. Das Ziel der Ehe ist aber nicht sexuelles Erleben, sondern das Heil, die Individuation; Gott, die Seele und sich selbst suchen und finden. Und dies kann auch ohne Sexualität geschehen.

Das führt uns nun zu einem zentralen Problem der Ehe, des Heils und der Individuation. Wir Jungianischen Psychologen sprechen oft, anstatt von Individuation, von Ganzwerdung, von Sich-völlig-Erfüllen. Der ganze Mensch ist das Ziel des langen Individuationsweges. Das Mandala, Symbol für Ziel oder Zentrum der Individuation, ist kreisförmig und enthält symbolisch alle Gegensätze; nichts fehlt.

Im Wort »Heil« ist eine solche Ganzwerdung nicht unbedingt miteingeschlossen. Das Wort Ganzwerden ist mißverständlich. Es geht bei der Individuation und bei dem Suchen nach dem Heil nämlich nicht nur um Ganzwerden; es wird immer auch ein Opfer verlangt. Irgend etwas muß geopfert werden; oder um es etwas paradox zu sagen: Zur Ganzwerdung gehört das Opfer, der Verzicht, und zwar der Verzicht auf Teile unserer Persönlichkeit, auf Wertvollstes an und in uns.

Das Opfer spielte mythologisch und rituell immer eine sehr große Rolle; es wurde einerseits herausgestrichen, blieb aber andererseits ein Stein des Anstoßes und Ärgernis. Hier kommt mir die merkwürdige Geschichte von Abraham und Isaak in den Sinn. Gott verlangt von Abraham, daß er seinen Sohn Isaak opfere. Allerdings verhindert Gott im letzten Moment das Opfer. Durch dieses Ende dürfen wir uns aber nicht verwirren lassen. Auch mythologische Geschichten haben, wenn auch weniger als Märchen, die Tendenz zu trösten, nicht allzu sehr zu erschrecken. Ob Gott das Opfer von Abraham angenommen hat oder nicht, tut nichts zur Sache. Er hat es verlangt, und das bedeutet, daß er es annehmen könnte. Er verlangt, daß Abraham bereit ist, seinen Sohn als Opfer darzubringen. Es geht bei dieser Geschichte nicht so sehr um einen Test, einen Versuch Gottes, um herauszufinden, ob Abraham bereit wäre, seinen Sohn zu opfern; es geht darum, daß Gott diese Opferung *verlangt*.

Ich erinnere auch an die Geschichte von Agamemnon und Iphigenie. Die Griechen können erst nach Kleinasien segeln und die Stadt Troja erobern, nachdem Agamemnon seine Tochter geopfert hat. Auch diese mythologische Geschichte wird dem Zuhörer mundgerecht geboten, indem Iphigenie nicht stirbt, sondern nur in ferne Lande verbannt wird. Der Opfergedanke findet sich auch in der Beschneidung. Zumindest symbolisch muß etwas vom geborenen Kinde Gott geopfert werden.

Wie jedes archetypische Leitbild führte auch das Bild des Opfers zu Karikaturen und Exzessen. Erinnert sei an die Zehntausende von Menschenopfern, die die Azteken glaubten den Göttern darbieten zu müssen. Oder ein Beispiel, das uns näher liegt: die Millionen von jungen Männern, die im Ersten Weltkrieg in Abnützungsschlachten gestorben sind; auch das kann als eine gräßliche Karikatur des Opferbildes verstanden werden. Daß Heerführer und Politiker bereit waren, Hunderttausende von jungen Männern sterben zu lassen, um einige Quadratkilometer Terrain zu gewinnen, daß Hunderttausende sich hinschlachten ließen, ist von der sogenannten Vernunft her kaum erklärbar. Es muß sich hier um eine dämonische Besessenheit durch das archetypische Bild der Opferung handeln.

In diesem Zusammenhang muß auch an die systematische Ermordung der Millionen von europäischen Juden durch die Nazis erinnert werden. Tausende, Zehntausende, Millionen ließen sich von den Henkersknechten zur Opferung treiben. Jede archetypische Möglichkeit wird, wenn sie überaktualisiert wird, zum grausigen Dämon.

Gegen den Gedanken, gegen das Bild des Opfers reagieren die Menschen immer wieder heftig, vor allem wenn es als Karikatur ausgelebt wird. Gerade heute ist eine solche Reaktion im Gange. Opferwillig, opferfreudig und opferbereit gelten in gewissen Kreisen geradezu als Schimpfworte. Das ändert jedoch nichts daran, daß wir zumindest vermuten können, daß das Opfern von etwas, das uns sehr wichtig ist, für die Individuation, für den Heilsweg der Seele, unerläßlich sei.

Ich erinnere hier auch an den von der westlichen Welt seit bald 2000 Jahren als Vorbild verstandenen Individuationsweg, nämlich an das Leben Christi. Um sich mit seinem Vater zu vereinigen, mußte Christus alles opfern, die Ehre, die Würde und das Leben.

Dieses Buch versucht unter anderem den Individuations und Heilscharakter der Ehe aufzuzeigen. Und in dem Sinne wird tatsächlich in der Ehe auch größtes Opfer verlangt. Die meisten Eheleute müssen auf einen Teil ihrer eigenen Persönlichkeit verzichten, müssen auf dem Altar der Ehe opfern. Die Ehe ist eine ständige Konfrontation, der nicht ausgewichen werden kann und die nur durch den Tod aufgelöst wird. Eine solche Dauerkonfrontation ist aber nur möglich, wenn einer oder beide der Ehepartner auf Wichtiges verzichten. Zuerst konfrontiert man sich mit allem;

bald sehen aber die Ehepartner, daß diese unausweichliche Dauer-konfrontation nur aufrechterhalten werden kann, wenn bewußt auf Wesentliches der eigenen Seele verzichtet wird.

Da kann eine Ehefrau musikalisch hoch begabt sein; ihrem Mann zuliebe muß sie jedoch auf die Musik verzichten, weil er ohne ihre Unterstützung beruflich nicht weiterkommen kann und in Depres-sionen verfallen würde. Oder: Ein Ehemann muß darauf verzichten, gesellschaftlich je zur Geltung zu kommen, er muß sein Licht unter den Scheffel stellen, damit seine Frau um so mehr glänzt.

Hier ein Traum, der sich mit diesem Thema befaßt. Es träumte ihn eine etwa 40jährige Frau, die ihre künstlerischen Fähigkeiten ihrem Manne und ihrer Familie aufgeopfert hat. Sie entwickelte ihre künstlerische Begabung nicht, sondern half ihrem Manne, der einen außerordentlich anspruchsvollen Beruf hat. Sie stützt ihn vor allem affektiv; stundenlang hört sie am Abend zu, wenn er von seinen beruflichen Schwierigkeiten, Enttäuschungen und Erfolgen redet.

Der Traum: Ihr Kind, das eine gewisse Ähnlichkeit mit Herrn W. (einem ihr bekannten Künstler) hat, ertrinkt oder ist im Begriff zu ertrinken. Die Frau ist in panischer Angst, und sie versucht das Kind vor dem Ertrinken zu retten. Sie rennt verzweifelt hin und her. Das Kind gleitet aber ständig tiefer ins Wasser hinunter. Die Frau läuft auf dammähnlichen Strukturen; auf beiden Seiten ist Wasser, da-zwischen aber sind so etwas wie Teiche. Das Kind liegt immer wieder in einem andern Teich und jedesmal noch tiefer. Es gelingt der Frau nicht, das Kind zu retten. Schließlich sieht sie es ganz tief unten im Wasser, und es bewegt sich nicht mehr.

Die Frau hatte gegen den Schluß ihres Traumes den Eindruck, sie sei gleichzeitig Beobachterin der ganzen Szene; sie befinde sich irgendwo über dem Geschehen, und sie glaubte, den Lauf dieser Dämme zu erkennen. Als sie sich nach dem Traum genau überlegte, wie diese dammartigen Strukturen von oben eigentlich ausgesehen hatten, fiel ihr plötzlich auf, daß das ganze Dammgebilde eindeutig ein Mandala darstellte. Die Dämme waren die gezeichneten Linien, die Teiche die dazwischenliegenden leeren Räume.

Dieser Traum hatte alpdruckartigen Charakter. Sie konnte nicht verhindern, daß das Kind ertrank; andererseits aber erfüllte sie der

Anblick von oben mit tiefer Befriedigung. Wir können uns fragen, ob dieser Traum nicht ein Hinweis darauf ist, daß die Analysandin auch ihre eigene Kreativität im Selbst oder für das Selbst opfern mußte. Meistens symbolisieren solche Mandalas die sinnvolle Struktur und Dynamik der Seele, das Ziel oder die treibende Kraft der Individuation. Dieses Mandala enthält das Opfer.

An dem Nichtannehmen des Opfers scheitern viele Ehen; sehr viele Analysen und Psychotherapien wirken in dieser Beziehung ausgesprochen ehezerstörend. Im Namen der vollen Entfaltung der Persönlichkeit, der Ganzheit, wird die Individuationsehe geopfert. Aus mir nicht völlig erklärlichen Gründen sind narzißtische Persönlichkeitsentfaltung und Feindschaft gegen jegliches Persönlichkeitsopfer sozusagen Dogmen der meisten modernen psychotherapeutischen Gruppen; deshalb werden in diesen auch sehr viele Ehen zerstört. Vielleicht sind solche Gruppen, wenn sie nicht gut geleitet werden, willenlose, unbewußte Werkzeuge von kollektiven Zeitströmungen; gerade in dieser starken Konstellation kollektiv-unbewußter Leitbilder liegt aber wahrscheinlich auch die einzigartige therapeutische Möglichkeit dieser Gruppen, dadurch, daß man ihrer bewußt wird.

Immer wieder wenden sich Eheleute mittleren Alters an den Psychologen, den Psychiater oder den Eheberater mit der Klage: Ich kann mich nicht entfalten; ich kann meine Persönlichkeit nicht entwickeln, ich muß zu viel von meinen Fähigkeiten brach liegen lassen, ich möchte ausbrechen und mich endlich selber finden und entfalten können. Das Thema der aus der Enge der Ehe ausbrechenden Frau – oder des Mannes – ist beliebt in vielen Romanen, Novellen und Filmen.

Oft geht es aber in der Stunde der Wahrheit um nichts anderes als um die Bewußtwerdung der Notwendigkeit, einen Teil seiner Persönlichkeit zu opfern. Man versucht diesem Aspekt der Individuation auszuweichen. Und Psychologen, denen der Individuationscharakter der Ehe nicht bekannt ist und die auch nichts von der Notwendigkeit des Opfers wissen wollen, sondern dem modernen Persönlichkeitskult anhängen, also Diener des Wohls und nicht des Heils sind, können hier viel Unheil anrichten. Das Opfer schlechthin wird abgelehnt; es darf aus dogmatischen Gründen nicht sein.

Selbstverständlich geht es hier nicht um ein moralistisch vorwurfsvolles Opfer im Geiste des Märtyrertums. Es geht um das freiwillige Opfer, ohne daß jemandem ein Vorwurf gemacht wird, um das Opfer auf dem Wege zum goldenen Jerusalem des Heils.

In dem Sinne muß in einzelnen Ehen sogar die Sexualität geopfert werden. Ich berühre hier das Problem der Frigidität und Impotenz. Menschen, die von Eros' bleiernen Pfeilen getroffen worden sind, können oft durch Psychotherapie geheilt werden, oft aber auch nicht. Unglücklicherweise wird dann häufig dem sexuell fähigen Partner geraten, sich anderweitig auszuleben. So einfach ist das Problem jedoch nicht zu lösen. Entweder muß der eine auf die Sexualität verzichten oder der andere auf die Treue seines Partners. Die Opferung der Sexualität ist ebenso sinnvoll wie das Ausleben. Oder der frigide Partner muß seinem Individuationsbegleiter seine Abscheu vor der Sexualität opfern. In dem Sinne kann die größte aller sexuellen Abweichungen, die Frigidität und Impotenz in der Ehe, unter dem Aspekt des Heils angenommen werden. Ich habe die Sexualität als triebhafte Individuation und die Konfrontationsehe als Entscheidungs-Individuation bezeichnet. Beide Formen der Individuation sind eng verbunden und werden oft gemeinsam erlebt. Diese beiden Arten von Individuation können einander gegenseitig bestärken und bereichern. Ihre enge Verkoppelung führt aber auch zu vielen Tragödien oder zu vielen Mißverständnissen. Der eine Individuationsweg garantiert nicht den anderen. Und der eine darf nicht mit dem anderen verwechselt werden. Psychologisch müssen wir die beiden Wege fein säuberlich getrennt erleben und erkennen.

Sehr viele Leute entschließen sich aufgrund einer sexuellen Leidenschaft zur Ehe. Ein erotischer Rausch ist etwas derart Ergreifendes, daß in diesem Zustand die Unterscheidungsfähigkeit hie und da schwer beeinträchtigt ist. Viele junge Leute haben dennoch den sicheren Instinkt zu merken, ob es sich nur um einen sexuellen Rausch, der auch Liebe genannt wird, oder um die Begeisterung, gemeinsam mit einem Partner den Individuationsweg der Ehe zu beschreiten, was ebenfalls Liebe genannt wird, handelt. Oft aber wird geglaubt, aus dem einen Individuationsweg den Anspruch auf den anderen erheben zu können. Viele Ehepartner glauben das Anrecht zu haben, über den Individuationsweg der Ehe hinaus auch eine volle sexuelle Erfüllung vom Partner verlangen zu können. Auch das Umgekehrte ist recht häufig; Partner, die sich nur auf dem triebhaften sexuellen Individuationsweg finden, verlangen zu Unrecht, daß der bewußte Entscheidungs- Individuationsweg der Ehe beschritten werde.

Scheidung:
keine Rücksicht auf die Kinder

Bevor ich fortfahre, möchte ich noch auf die Scheidung, die mögliche Auflösung der Ehe, eingehen.

Eine Ehe dauert bis zum Tode; mit dieser Absicht wird sie eingegangen. Die unausweichliche lebenslängliche Konfrontation ist ihr tiefer Sinn. Der Individuationsweg der Ehe besteht darin, daß man nicht die Möglichkeit hat, der Auseinandersetzung mit sich und dem Partner auszuweichen, auch dann nicht, wenn es schwierig und unangenehm wird.

Dies heißt jedoch mitnichten, daß Scheidung nicht sein soll, daß Scheidung gegen irgendwelche Individuationsansprüche verstoße. Dies heißt zuerst einmal, wie ich schon ausgeführt habe, daß es vielleicht besser wäre, wenn weniger Leute heiraten würden. Der ledige Stand sollte wieder aufgewertet werden. Es ist zu hoffen, daß sich heute wieder vermehrt gesellschaftlich sanktionierte Möglichkeiten bieten, ledig *und* geachtet zu sein; und es ist zu hoffen, daß das Ledigsein nicht asexuelles Leben bedeuten muß. Es scheinen sich immerhin neue Formen des Zusammenlebens zu bilden, Kommunen oder andere Gemeinschaften, die nicht den Ausschließlichkeitscharakter der Ehe besitzen. Es wäre schön, wenn es auch vermehrt Frauen möglich würde, ohne Heirat glückliche Mütter zu werden. Es ist schädlich für den Individuationsweg der Ehe, daß viele Menschen, namentlich Frauen, sich nur deshalb dieser Heilsinstitution unterwerfen, um Kinder haben zu können. Für Menschen, die nur interessiert an Nachkommen sind, ist die Ehe eine völlig ungeeignete Institution.

»Errare humanum est.« Es kann Eheleuten früher oder später plötzlich klar werden, daß sie als Individuationspartner ungeeignet sind.

Dann ist eine Scheidung berechtigt; auch dann, wenn sich die beiden nicht einmal schlecht verstehen. Vielleicht hat man nicht den richtigen Partner für den Heilsweg der Ehe gefunden, oder aber man findet heraus, daß man überhaupt für diesen Heilsweg nicht geeignet ist. Das Kriterium, ob geschieden werden soll oder nicht, muß nicht im Ausmaß der Schwierigkeit oder Pathologie der Ehe gesucht werden, sondern darf ruhig auch davon abhängen, ob sie für beide Partner einen Heilsweg darstellt oder nicht.

Bis die Partner den Irrtum merken, sind sie bisweilen bereits Eltern geworden. Es stellt sich dann die Frage: sollen wir zusammenbleiben wegen der Kinder? Meine Ansicht ist: Auf die Kinder soll überhaupt nicht Rücksicht genommen werden. Und zwar aus folgenden Gründen: Zuerst einmal ist es außerordentlich schwierig, genau zu wissen, was den Kindern seelisch schadet und was ihnen nützt. Schadet es ihnen mehr, in einer »intakten« Familie aufzuwachsen, deren Eltern ihnen eine Komödie vorspielen? Nützt es ihnen, wenn sie sehen, wie sich ihre Eltern für das Wohl der Kinder aufopfern und auf den eigenen Individuationsweg verzichten? Oder entwickeln sie sich nicht besser in einer ehrlichen Situation, wie sie durch die Scheidung oft hergestellt wird? Wir können hier nur die Vermutung anstellen – und die Beobachtung bestätigt diese oftmals –, daß es für Kinder eine große Belastung ist, zu sehen, wie die Eltern ihretwegen auf ihr Heil und ihre Individuation verzichten. Dies verursacht den Kindern ein chronisch schlechtes Gewissen gegenüber den Eltern und erweckt aus diesem schlechten Gewissen heraus ungesunde Aggressionen.

Weiter: Der Gedanke, man müsse unbedingt wegen der Kinder zusammenbleiben, auch wenn erkannt wird, daß die Ehe kein Individuationsweg ist, ist allzu sehr dem Wohle verpflichtet. Die Ehe ist keine Institution des Wohles, auch nicht für die Kinder. Das Ziel der Betreuung der Kinder ist nicht, ihnen zum Wohle zu verhelfen. Wichtig ist es, ihnen Möglichkeiten der Individuation vorzuleben. Wir sollen den Kindern die Wichtigkeit des Heils und nicht des Wohls zeigen. Es ist deshalb sehr fraglich, ob es richtig ist, uns durch ein heuchlerisches Zusammenleben und Zusammenbleiben als Diener des Wohls und nicht des Heils zu erkennen zu geben. Wir wollen die Kinder zum Heil und nicht zum Wohle führen. Gerade in bezug auf das, was mit den Kindern geschehen soll und wie wir uns ihretwegen verhalten müssen, ist die Unterscheidung von Heil und Wohl von größter Wichtigkeit.

In bezug auf das Verhältnis derjenigen, die ihre Individuation in der Ehe finden, und derjenigen, deren Heil woanders liegt, noch eine kleine Warnung:

Die Menschen suchen alle ihr Heil auf verschiedenen Wegen. Es fällt aber jedem schwer, nicht für seinen Weg, bewußt oder unbewußt, zu missionieren. Das führt oft zu unglücklichen Entwicklungen, vor allem, wenn ein Mensch Einfluß auf einen anderen ausübt, sei es als Analytiker, psychologischer Berater oder einflußreicher Freund. Wir sind nie objektiv, auch wenn wir glauben, es zu sein, auch nicht als Psychologen. Es gibt den Heilsweg der Ehe und es gibt den Heilsweg des Ledigseins. »Anhänger« beider Heilswege suchen einander zu bekehren – und richten oft Schaden an. Eine geschiedene Frau, die nach ihren bitteren Erfahrungen herausfand, daß Heiraten nicht ihr Weg ist, wird sich gerne als freundliche Ratgeberin für Eheleute anbieten, die Schwierigkeiten haben, wird aber dazu neigen, die Ratsuchenden zu ihrer Art von nicht ehelicher Individuation zu bekehren. Und auf einmal ist das hilfesuchende Paar ebenfalls geschieden. Auch Therapeuten und Eheberater missionieren, ob sie wollen oder nicht. Es wäre gut, wenn sich Therapeuten ihres gelungenen oder verfehlten Individuationsweges bewußt wären und wenn sie gegenüber Hilfesuchenden Farbe bekennen könnten; dies würde Ratsuchenden ermöglichen, sich gegen bewußte oder unbewußte Missionierungstendenzen der Berater zu schützen.

Ich möchte mir vorstellen, daß ein Analytiker, für den die Ehe einen verfehlten Individuationsweg darstellt, seinem Patienten, wenn dieser von Eheschwierigkeiten zu sprechen beginnt, sagt: »Die Ehe ist nicht mein Weg; passen Sie also auf, daß ich Sie nicht zum ehelosen Leben bekehre.«

Zum Schluß dieses Kapitels möchte ich noch einem Mißverständnis vorbeugen: Im Wesen der Individuationsehe liegt es, bis zum Tode zusammenzubleiben. Scheidung bedeutet nicht immer, daß der Individuationsweg der Ehe für die Partner nicht richtig war; sie kann dies bedeuten; sie kann aber auch bedeuten, daß der Partner für diesen Individuationsweg der falsche war, vielleicht zu schwierig, vielleicht zu fremd oder zu krank. Die »Unauflöslichkeit der Ehe« wird z. B. von der katholischen Kirche zu konkretistisch verstanden. Auf den Individuationsweg der Ehe stellen wir uns so ein, wie wenn wir uns nie von unserem Partner trennen könnten. Kommt es doch zu einer Scheidung, findet man vielleicht einen neuen Partner, mit dem sich die Idee der Ehe als Individuationsweg verwirklichen läßt – die Idee der Auseinandersetzung, bis der Tod dieser ein Ende setzt.

Heil, Wohl, Individuation: nur für die Gebildeten?

Ich habe in diesem Buch ausführlich über Wohl, Heil, Individuation und dergleichen gesprochen. Man könnte sich nun fragen, ob es denn dem durchschnittlichen Menschen überhaupt möglich sei, solche komplizierten Begriffe zu verstehen oder sich gar nach ihnen zu richten. Man fragt sich, ob es denn wirklich viele Ehepaare gibt, die sich überlegen, ob sie in der Ehe ihren Heilsweg, ihren Individuationsweg gefunden haben oder nicht oder ob sie nicht vielmehr die Ehe als Wohlfahrtsanstalt verstehen.

Ich versuche als Psychologe nicht, irgend jemandem etwas aufzudrängen oder ihn dazu zu bringen, sich mit absoluten Begriffen herumzuschlagen. Im Gegenteil: Die Psychologie versucht das, was geschieht, das, was die Menschen treibt und motiviert, zu verstehen und für die psychologischen Phänomene Namen zu finden. Das psychologische Phänomen wird von den meisten Menschen bildhaft erlebt, nicht intellektuell beschrieben. Bis jetzt waren es vor allem die Religionen und die Kirchen, die den Menschen Bilder gaben, durch die sie befähigt wurden, über ihre grundlegenden seelischen Anliegen zu reflektieren.

Es ist so, daß Heil und Wohl für jeden Menschen grundlegende psychologische Motivationen sind, auch wenn er sich dessen begrifflich nicht bewußt wird. So fragen sich Ehepartner, seien sie nun psychologisch gebildet oder ungebildet, seien sie Analphabeten oder nicht, ob die Ehe mehr dem Wohl oder mehr dem Heile diene, ob man um des Wohles der Kinder willen zusammen bleiben solle oder ob man das Heil suchen solle. Daß dem so ist, sieht man immer wieder in den Träumen oder Phantasien der Menschen, die uns begegnen, gleichgültig welcher sozialen Herkunft, gleichgültig welcher Bildung.

118

Ein Beispiel: Eine 22jährige italienische Hilfsarbeiterin erzählte mir folgendes: »Mein Vater verließ uns, als ich zehn Jahre alt war. Er schickte aber meiner Mutter regelmäßig Geld; nur alle ein bis zwei Jahre kam er uns Kinder besuchen. Ich habe meine Mutter sehr gern. Meinem Vater machte ich innerlich, als er uns verließ, schwere Vorwürfe. Wir mußten sehr kärglich leben, und keines von uns Geschwistern konnte länger als bis zum 12. Lebensjahr in die Schule gehen. Trotz aller Vorwürfe habe ich aber meinen Vater auch sehr gern. Ich weiß eigentlich nicht weshalb. Er hatte ja auch mich verlassen. Wenn ich ihn zuweilen sah – das war selten genug –, interessierte er sich nicht sehr für mich. Er erzählte immer von seinem Beruf, nur das interessierte ihn. Er ist ein Spinner. Auch meine Großmutter sagt, er spinne ein bißchen. Aber auch sie hat ihn trotz allem gern. Ich möchte keinen anderen Vater haben.« Soweit die Darstellung der Italienerin.

Es scheint mir, man kann aus dieser Erzählung der italienischen Hilfsarbeiterin den psychologischen Tatbestand zumindest erahnen. Des Vaters Erfüllung, des Vaters Heil, des Vaters Individuation liegt offenbar anderswo als in der Ehe. Sie scheint irgendwie mit dem Beruf verbunden zu sein. Die Tochter nimmt dies an und begreift es und lehnt den Vater nicht ab, ja sie bewundert ihn sogar auf eine Art. Sie hat den Eindruck, er sei irgend etwas treu, das sie vielleicht nicht ganz versteht.

Die Ehe ist tot – lang lebe die Ehe!

Ich habe am Anfang meines Buches auf das Bild der turbulenten göttlichen Ehe von Zeus und Hera hingewiesen. Diese beiden führten keine sogenannte glückliche Ehe; sie liebten sich nicht nur, sondern bekämpften sich auch aufs grausamste. Dieses Paar kann uns helfen, die Ehe unter einem neuen Gesichtspunkt zu verstehen. An Bemühungen, die heutige Ehe zu durchleuchten und zu begreifen, fehlt es nicht, auch nicht an Versuchen, einzelnen Eheleuten zu helfen, ihre Probleme zu bewältigen. Was aber meiner Ansicht nach fehlt, sind Versuche, genau herauszufinden, unter welchem Stern, unter welchen Bildern unsere theoretische und praktische Arbeit an der Ehe eigentlich steht. Wollen wir anderer Leute und unser Tun psychologisch verstehen, so ist es unerläßlich, sich zuerst einmal darüber klar zu werden, welchen Göttern wir dienen, welchen Bildern wir verpflichtet sind. Es kann auch vorkommen, daß wir zwei Herren dienen, daß wir von sich widersprechenden Bildern geleitet werden und so große Verwirrung stiften.

Sehr viele Bemühungen um die heutige Ehe werden vom Wohl und vom Glück und von der Biologie geleitet. Dies entspricht zum Teil der Geisteshaltung der heutigen Psychologie, die sich durch ein sehr großes Mißtrauen, ja oft durch eine Ablehnung alles Transzendentalen auszeichnet.

Viele Fachleute, die sich mit der Ehe beschäftigen, seien es Psychologen oder Eheberater, haben als Ziel die sogenannte normale glückliche Ehe, die unneurotische Beziehung zwischen zwei psychisch einigermaßen gesunden Ehepartnern. Um dieses Ziel zu erreichen, wird sehr viel getan. Es werden Techniken ausgearbeitet, die den Eheleuten helfen sollen, sich körperlich und seelisch besser zu verstehen. Man versucht, die neurotischen Beziehungsmechanismen der Partner zu erklären, aufzudecken, zu ändern oder zu beseitigen. Man versteht die Ehe als eine Zweier- Beziehung, die durch psychologische Arbeit der Eheleute, eventuell mit Beistand von Fachleuten, befriedigend und glücklich gestaltet werden kann. All diese Bemühungen ändern aber nichts daran, daß weiterhin geschieden wird und daß auch bestehende Ehen mitunter entsetzlich krank wirken. In ehrlicher Verzweiflung wird deshalb oft die Auflösung oder die radikale Änderung dieser Institution verlangt. Die meisten Menschen erwarten, eine glückliche Ehe führen zu können; wenige Ehepaare sind jedoch dazu fähig. Die berechtigte Frage taucht auf, ob es nicht besser wäre, radikal vorzugehen und die Ehe abzuschaffen. Dies um so mehr, als viele Faktoren, die bis jetzt die Ehe zumindest äußerlich unterstützten, langsam wegfallen. Nur wenige Eheleute betreiben heute gemeinsam einen Bauernhof oder ein Geschäft, können also ihre Ehe als Geschäftspartnerschaft verstehen und gestalten. Mehr als 90 Prozent der Erwerbstätigen sind angestellt. Die Betreuung der Kinder einigt die Eheleute etwa 20 Jahre lang, die meisten müssen aber 50 bis 60 Jahre zusammenleben.

Dazu kommt noch, daß viele Psychologen der Ansicht sind, Eltern seien im Grunde gar nicht geeignet, ihre Kinder zu erziehen, namentlich dann nicht, wenn sie, wie die meisten, in einer schwierigen und problematischen Ehe leben. Und nur sehr wenigen Menschen ist es heute noch möglich, durch Heirat Machtpolitik zu treiben; immer weniger wirtschaftliche, soziologische und politische Faktoren scheinen der Ehe zu Hilfe zu kommen.

Um so krampfhafter begann man sich deshalb an den letzten noch übriggebliebenen Stützfaktor, nämlich die Sexualität, zu klammern. Es gibt gerade auf diesem Gebiet unzählige Bücher, die Eheleute lehren wollen, wie ein glückliches, volles sexuelles Leben zu führen sei. Aphrodite soll dem zusammenstürzenden Gebäude der Ehe Gips und Mörtel liefern und es zusammenhalten helfen. Die Ehe ist tatsächlich ein Ort, wo die Sexualität oft sehr intensiv ausgelebt werden kann. Aber in dieser Hinsicht verliert sie in letzter Zeit immer mehr ihre Monopolstellung. Die jungen Leute werden sexuell freier. Sie können sich immer mehr auch ohne Eheschließung sexuell ausleben. Alle mühsamen Versuche, durch Konkubinatsverbote und ähnliches das sexuelle außereheliche Leben einzuschränken, scheitern kläglich. Immer mehr ist es für Angehörige aller sozialen Schichten durchaus möglich, ein befriedigendes freies sexuelles Leben zu führen, ohne zu heiraten. Was noch vor 20 Jahren unmöglich schien, ist heute eingetreten: Auch sogenannte anständige Burschen und Mädchen aus stabilen Familien können ohne weiteres, solange es ihnen wohl ist, frei zusammenleben.

Mehr noch: Es wird allen immer offenkundiger, daß die Ehe sexuell einengend wirken kann. Für viele bedeutet die Ehe nicht den Ort des sexuellen Auslebens, sondern der sexuellen Frustration. So scheint auch der letzte Stützfaktor der Ehe, außer den Kindern, langsam zu wanken. Die Ehe, unter dem Bild des Wohls, des Glücks geschlossen, wird für zahllose Menschen zur großen Enttäuschung. Die sogenannte glückliche Ehe hat eindeutig ausgespielt. Ehe als Wohlfahrtsinstitution hat keinerlei Berechtigung mehr. Psychologen, die sich dem Wohle verpflichtet fühlen, täten, wenn sie ihren Standpunkt wirklich ernst nähmen, besser daran, den Menschen andere Formen des Zusammenlebens vorzuschlagen und anzubieten, als ihre Energie damit zu vergeuden, eine im Grunde genommen unmögliche Institution weiterhin mit vielen technischen Mitteln aufzupäppeln. Vom Gesichtspunkt des Wohles aus ist die Ehe nicht nur ein Patient, sondern ein *todkranker* Patient – und es ist ihm zu gönnen, daß er möglichst bald stirbt.

Dennoch: Hie und da wird versucht, die Ehe von der zwischenmenschlichen Beziehung her neu zu definieren. Diese ist heute so etwas wie ein Gott. Und es gibt Theologen, die behaupten, Gott zeige sich oder bestehe in der zwischenmenschlichen Beziehung. Aber sogenannte zwischenmenschliche Beziehungen können auch außerhalb der Ehe aufgebaut und gepflegt werden. Für eine glückliche zwischenmenschliche Beziehung ist die Ehe eher ein schlechter Ort. Man lebt zu nahe beieinander, man reibt sich zu heftig.

Ich habe in meiner Praxis folgende merkwürdige Beobachtung gemacht: Der Schwierigkeitsgrad einer Ehe, die Summe von Leiden, Ärger, Zorn und Frustration, auch neurotischer und perverser Elemente, die in einer Ehe zu finden sind, gehen nicht unbedingt parallel zu ihrer Auflösungstendenz. Das heißt also: Sogenannte äußerst schlechte Ehen sind oft ausgesprochen lebensfähig und dauern tatsächlich bis zum Tode eines Partners. Andererseits zeigen weniger problematische Ehen, die weniger Pathologie enthalten, oft die Tendenz zur Auflösung; sie scheinen sich manchmal noch schneller aufzulösen als schwierige Ehen. Der unter der Flagge des Wohls segelnde Beobachter hat Mühe, dies zu verstehen. Er neigt dazu, die Ehe, in der besonders viele Neurosen und sexuelle Perversionen, verdrehte Beziehungen und dergleichen erscheinen, mit einer schlechten Prognose zu behaften.

Die Zähigkeit der Institution Ehe, die Tatsache, daß sie trotz ihrer leidenbringenden Struktur immer noch recht populär ist, wird sofort leichter verständlich, wenn wir uns Bildern zuwenden, die nicht mit dem Wohl zusammenhängen.

Es geht bei der Ehe nicht um Wohl und Glück, es geht, wie ich in diesem Buch zu zeigen versuchte, um das Heil. Es geht nicht nur um einen Mann und eine Frau, die sich glücklich lieben und Nachkommen auferziehen, sondern um zwei Menschen, die versuchen zu individuieren, ihr »Seelenheil« zu finden. Dies tönt vielleicht frömmlerisch-altmodisch. Aus lauter Angst, unsere wissenschaftlichen Erkenntnisse durch das Religiöse zu vernebeln und zu verfälschen, haben wir uns den Zugang zum Verständnis der Seele verbaut; wir haben ein Bild des Menschen vor Augen, das nur eines unter vielen ist. Wir sind nicht nur auf das Wohl orientierte Kreaturen, deren Handlungen aus Streben nach Überleben und Glück, Entspannung und Zufriedenheit erklärt werden können. Wir sind nicht nur Phäaken. Daß wir dies nicht sehen, hat zur Folge, daß der Mensch und, was uns hier interessiert, eine seiner wichtigsten Institutionen, die Ehe, zum größten Teil einen kranken Eindruck machen. Die Ehe wird nach den Bildern des Wohls beurteilt und kommt schlecht weg.

Die Ehe als solche wird nicht nur von Bildern des Wohls, sondern auch von solchen des Heils bestimmt. Die Vorstellung »bis der Tod uns trennt« hat nichts mit Wohl und Glück zu tun; vom Wohl aus gesehen ist das Bild »bis zum Tod« unsinnig. Vom Wohl aus gesehen ist die Ehe an sich unheilbar krank. Deshalb haben Bemühungen, die sogenannten Neurotizismen der Ehepartner und der

Ehe aufzuzeigen und zu beseitigen, beschränkten Wert; vieles, was von den Wohlfahrtsaposteln als krank angesehen wird, ist gar nicht krank, wie etwa die vorher erwähnten »Opfer eines wichtigen, kreativen Teils der Persönlichkeit«.

Für Menschen, die das Wohl anbeten, wirkt die Ehe krank; aber nicht nur für diese. Der Heilswege sind viele, es gibt so viele Individuationswege wie Menschen; die Ehe ist ein Heilsweg von vielen, enthält aber wiederum sehr viele verschiedene Möglichkeiten.

Deshalb habe ich am Anfang meines Buches verschiedene Ehebilder aufgezeigt. Zeus und Hera ist eines, die heilige Familie ein anderes; es gibt noch andere, und jedes Ehepaar hat wieder seine Ausgabe, seine Variation vom Ehebild. Das vom Bild der heiligen Familie geprägte Ehepaar erlebt die Verehrer von Zeus und Hera als abnormal; Hera und Zeus wird die heilige Familie als eine kümmerliche Sache erscheinen. Heilswege waren immer sehr eigenartig. Ich denke an die Säulenheiligen, die jahrelang auf einer Säule lebten, um ihr Heil zu finden, oder an die mittelalterlichen Nonnen, welche Aussätzigen die Wunden küßten. So finden wir auch einen großen Reichtum an verschiedenen Ehe-Individuationswegen, wie die »Prinzkonsorten-Ehe« – die Frau regiert, der Mann lebt dienend im Schatten; die »Mafia-Ehe« – der Mann ist ein Gangster in der Außenwelt, lebt aber mit Frau und Kindern – und andere mehr.

Menschen und deren soziale Strukturen zu verstehen, verlangt eine Sicht der Bilder, die im Hintergrund wirken: Das Phänomen der Ehe kann nicht erfaßt werden ohne Betrachtung der Bilder, welche die Ehe gestalten. Jede psychologische Erscheinung muß mit den ihr eigenen Bildern konfrontiert werden und nicht mit irgendwelchen fremden. Gotische Kathedralen, mit Bildern der antiken griechischen Welt konfrontiert, wirken unverständlich oder entartet. Wie das Festhalten an einem nicht adäquaten Bild – dem Fortpflanzungsbild – das Verhältnis zur Sexualität stört, suchte ich weiter vorne zu zeigen. Sexualität ist aber kräftig, triebhaft; dieser Individuationsweg und dessen Symbolik behauptet sich, ob wir ihn als solchen anerkennen oder nicht.

Möglichkeiten der Individuation, der Heilssuche, durch die Ehe schufen und schaffen wir Menschen uns, wir, als Mitglieder kultureller, religiöser und nationaler Gemeinschaften und als Ehepartner. Die Bilder, welche hinter der Ehe, so, wie wir sie heute kennen, stehen, sind verschiedene Bilder der Individuation, des Heils. Sobald wir deshalb die konkreten Ehen mit anderen, ihr fremden Bildern konfrontieren, wie Wohlfahrt, Glück, Kinderheim, zwischenmenschlicher Beziehung, sexueller Entspannung, so erscheint die Ehe unsinnig, verdorrt, moribund, mit einem großen Apparat von Psychologen und Eheberatern am Leben gehalten.

Die Ehe ist tot – lang lebe die Ehe!

Auch ohne Ehe sind Kinder erwünscht

Die Reaktion auf mein Büchlein hat mir gezeigt, daß meine Ausführungen zum Teil mehr Fragen aufwerfen als Antworten geben. In diesem Nachwort möchte ich auf die soziologischen und staatlichen Konsequenzen der von mir vertretenen Eheauffassung eingehen. Individuation ist immer, wie ich weiter oben betonte, auch politisch. In dem Sinne ist auch die Ehe ein politisches Problem. Ich will hier nicht von Gesellschaft sprechen; dies ist mir ein zu allgemeiner Begriff. Es geht um den Staat: dieser ist der konkrete Ausdruck, im guten wie im schlechten Sinne, der größeren Gemeinschaft; dieser bestimmt auch die formale und gesetzliche Struktur der Ehe, die Möglichkeiten der Kindererziehung usw. Ich verstehe den Staat nicht nur als ein notwendiges Übel, sondern als den Ausdruck der Tatsache, daß wir nicht nur eine individuelle, sondern auch eine kollektive »Seele«, ein kollektives Unbewußtsein haben. Der Staat ist nicht nur als ein Kontrakt zwischen Wölfen zu verstehen, die übereingekommen sind, sich nicht dauernd aufzufressen. Er ist vielmehr in seiner Zielsetzung und seiner Gestaltung auch Ausdruck, Schöpfung der kollektiven »Seele«. In dem Sinne könnte man vielleicht auch von gesunden, neurotischen, psychopathischen, ja sogar psychotischen Staaten sprechen – wobei allerdings die psychopathologischen Begriffe nicht allzu naiv auf Staaten übertragen werden dürfen.

Den schweizerischen Staat, zu dem ich gehöre, erlebe ich als gesund bis neurotisch, mit einigen psychopathischen Zügen; es liegt mir vieles an seiner Entfaltung.

Es herrscht in sogenannten staatserhaltenden Kreisen oft die Ansicht, die Ehe und Familie in ihrer jetzigen Struktur sei die Grundlage unseres Staates. Menschen, die den Staat ablehnen, verstehen dies negativ: die Familie ist das Versklavungsinstrument des bösartigen Staates.

Ich nehme an, daß die Ehe ein ganz spezieller Individuationsweg ist – Auseinandersetzung der Partner, bis daß der Tod sie trennt –, der wie alle Individuationswege nicht von allen Menschen, vielleicht nicht einmal von der Hälfte, beschritten werden sollte. Ich finde es deshalb wünschenswert, daß die Ehe in der heutigen Form nicht ein Monopol auf die Gestaltung der Beziehung zwischen Mann, Frau und Kindern haben soll; dies bedingt gewisse gesellschaftliche und gesetzliche Änderungen. Wir können diese bereits heute beobachten. Das Konkubinat zum Beispiel wird immer mehr anerkannt und geachtet. Für das Gesetz, für den Staat aber existiert praktisch immer noch nur die Ehe als anerkannte Verbindung zwischen Mann und Frau. Es scheint mir unumgänglich, daß gelegentlich auch der Gesetzgeber verschiedene Formen des Zusammenlebens von Mann und Frau anerkennt und gesetzlich regelt. Ändern muß sich aber auch die gesetzliche und gesellschaftliche Einstellung gegenüber unehelichen Kindern. Das echte Bedürfnis, eines oder mehrere Kinder zu haben, ist meiner Ansicht nach bei mehr Menschen vorhanden als der echte Drang, durch Ehe zu individuieren. Immer wieder höre ich von jungen Mädchen: »Heiraten werde ich nur, um Kinder zu haben, an sich sagt mir die Ehe nichts.« Menschen, die sich Kinder wünschen, sehen sich heute gezwungen, Ehen einzugehen, ohne irgendwelche Begabungen für diesen speziellen Individuationsweg zu besitzen. Also darf es erstens gesellschaftlich keine Schande mehr sein, uneheliche Kinder zu haben, und zweitens muß es möglich werden, in wirtschaftlicher und praktischer Hinsicht außerhalb der Ehe Kinder zu erziehen und zu betreuen. Hier scheine ich nun an den Grundlagen unseres freiheitlichen Staates zu rütteln. Die klassische Familie stellt eine starke Barriere gegen die Vermassung dar. Es ist die Familie, die bis jetzt die Kinder vor allem erzieht und prägt. Entstehen aber mehr staatliche Hilfsinstitutionen wie Heime und Krippen usw. für uneheliche Kinder, so wird der Einfluß des Staates allzu groß. In der kleinen Gruppe der Familie kann die einzelne Seele besser ihren Weg finden als unter dem dauernden Druck eines mächtigen Staates.

Ich persönlich bin allerdings überzeugt, daß es möglich ist, für

Kinder und Mütter – oder Väter –, die keine klassische Familie bilden, Verhältnisse zu schaffen, die eine individuelle Entwicklung unterstützen; es muß nicht nötig sein, die Kinder von Staatsangestellten erziehen zu lassen. Durch spezielle steuerliche Maßnahmen zum Beispiel sollte es möglich sein, Väter oder Mütter unehelicher Kinder so zu unterstützen, daß sie genügend Zeit haben, ihre Kinder selber zu erziehen. Allerdings müßte dies wahrscheinlich auf Kosten von Menschen gehen, die keine Kinder haben. Letztlich liegt es ja aber auch in deren Interesse, daß der Staat möglichst viele Individuationswege unterstützt und nicht nur denjenigen der klassischen Familie und Ehe. Noch wichtiger aber als wirtschaftliche Maßnahmen zu treffen, ist es ganz allgemein, das Kinder haben wieder höher einzuschätzen, namentlich aber auch die sogenannten unehelichen Familien sozial zu achten und zu ehren. Die Mutter, die eines oder mehrere Kinder aufzieht, ohne verheiratet zu sein, verdient ebensoviel Achtung wie die verheiratete Mutter. Es gibt sehr viele Individuationswege; jeder ist zu achten. Werden mehr uneheliche Kinder geboren als bis jetzt, so erschüttert dies nicht die Grundlagen unseres freiheitlichen Staates; im Gegenteil: unterstützt der Staat diese unehelichen Kinder und Eltern mit allen Kräften, ohne aber der Versuchung zu erliegen, sich allzusehr in die Erziehung einzumischen, so erweist er sich als eine Institution, die man lieben und für die man sich einsetzen kann.

Kinder – seien sie nun ehelich oder unehelich – sind für die Individuation vieler Menschen von ganz entscheidender Bedeutung. Sie bedeuten für die Mutter oder den Vater eine seelische Auseinandersetzung, die noch häufiger als in der Ehe nur mit dem Tod eines Partners aufhört. Kinder können sich vielleicht etwas von den Eltern distanzieren – ganz selten aber Eltern von den Kindern. Kinder haben heißt, sich das Leben lang mit jemandem auseinanderzusetzen zu müssen, der zwar verwandt mit einem ist, aber einer anderen Generation angehört. Dies ist oft unendlich schwierig und kann die seelische Entwicklung entscheidend fördern. Die Individuation im Verhältnis Kinder – Eltern ist wenn möglich noch komplizierter als die Auseinandersetzung zwischen Ehepartnern. Die Beziehung zu den Kindern kann allerdings auch gegen die

Individuation gebraucht werden. Man kann Kinder als Eigentum verstehen, als Glorifkation oder Fortsetzung von sich selber oder als Füllmaterial für die Leere und Sinnlosigkeit des Lebens. Jede biologisch fundierte Tätigkeit kann uns helfen, einem chronischen depressiven Sinnlosigkeitsgefühl auszuweichen. Die scheinbare Leere des Daseins kann durch Essen, Trinken, Schlafen, Kinderhaben abgewehrt werden. Aber auch anders können wir die Individuation verhindern: nämlich dadurch, daß wir uns als Eltern möglichst bald von den Kindern distanzieren. Wir betreuen sie dann recht und schlecht, bis sie selbständig sind, und kümmern uns nicht mehr um sie. Es wird den Frauen angeraten, möglichst bald, zum Beispiel sobald das Kind zur Schule geht, sich wieder beruflich zu betätigen. So wird dann oft einer intensiven Auseinandersetzung mit dem Kinde ausgewichen. An den Kindern erlebt man das Mysterium des eigenen Todes und des eigenen Lebens. Kinder sind mit den Eltern verwandt, stammen von ihnen ab und sind doch völlig eigenständig. An den Kindern erlebt man, daß man »nicht mehr dazu gehört«, daß man »die Welt nicht mehr versteht«, daß man selber langsam zur historischen Figur wird. Man beginnt seine Unzeitgemäßheit zu spüren. Und so erlebt man die eigene seelische Begrenzung, den nahenden Tod. Und all das geschieht zwischen Eltern und Kindern, ganz gleichgültig, ob die Eltern nun ledig oder verheiratet sind. Der Individuationsweg der unverheirateten Eltern verdient es deswegen, gefördertzu werden.

Es mag ja sein, daß eine unvollständige Familie für die Mutter oder den Vater viele Möglichkeiten der seelischen Entwicklung bietet; aber, wird man hier einwenden, für die Kinder ist dies alles sicher ein großer Nachteil. Kinder aus unvollständigen Familien verwahrlosen mehr, sind neurotischer und haben es schwerer, sich im Leben durchzusetzen, zeigen ungezählte Untersuchungen. Dazu möchte ich folgendes sagen: Es ist ungeheuer schwer, außerhalb oder gar gegen den herrschenden Kulturkanon zu leben. Der Lebensstil, der Individuationsweg, die Art der seelischen Entwicklung müssen einigermaßen von der Umgebung angenommen und unterstützt werden. Nur seelische Genies haben die Kraft, sich vollständig außerhalb des Kollektiven zu individuieren. Bei uns befindet sich die unvollständige Familie – wenn sie die Folge von Scheidung oder vom Tode eines der Eltern ist etwas weniger – außerhalb der kollektiv unterstützten Lebenswege. In dem Sinne lastet auf diesen Familien so etwas wie ein Fluch. Eine unvollständige Familie ist etwas, das eigentlich nicht sein sollte. Diese Situation erschwert die Lage des Vaters oder der Mutter und des Kindes sehr stark. Würden unvollständige Familien von der Umgebung ganz allgemein als etwas durchaus Legitimes und Berechtigtes verstanden und anerkannt, so würden sich sicher Kinder, die nur von einem Vater oder einer Mutter betreut werden, viel gesünder entwickeln können.

Und weiter: wenn Frauen oder Männer heiraten, nur um Kinder aufziehen zu können, nicht weil die Ehe ihr Individuationsweg ist, so wird die Stimmung in dieser wahrscheinlich unglücklichen Ehe dem Kind bedeutend mehr schaden, als wenn die betreffenden Kinder aufziehen würden, ohne zu heiraten.

Wenn vor 20 Jahren jemand gesagt hätte, daß im Jahre 1979 sehr viele Töchter und Söhne gutbürgerlicher Familien mit dem Segen ihrer Eltern im Konkubinat leben werden, ja daß dies zu einem allgemein anerkannten Lebensstil gehören werde, so hätte man den Betreffenden als unverantwortlichen Phantasten, als destruktiven Menschen bezeichnet. Kaum jemand hätte vor 20 Jahren glauben können, daß das Konkubinat bald eine allgemein anerkannte Lebensform werden wird. Und doch ist es heute so. Ganz ähnliches ist möglich in bezug auf die sogenannte unvollständige Familie. Die Menschen schaffen sich immer wieder neue Individuationsmöglichkeiten. Je differenzierter eine Kultur ist, desto mehr Individuationswege bietet sie an. Dies ist nicht auflösend, sondern aufbauend. Je mehr Individuationswege angeboten werden, desto interessanter und kreativer werden diese. Die Ehe wird ganz gewaltig aufgewertet werden, wenn nicht mehr Millionen von Menschen heiraten müssen, nur um Kinder haben zu können.

Das ältere Paar – das dienende Paar

Ich muß hier wiederholen: Zu versprechen, zusammenzubleiben, bis der Tod die Ehe auflöst, heißt heute etwas anderes als früher. Beide Ehepartner lebten bis vor 200 Jahren höchstens 10 bis 20 Jahre zusammen. Heute ist es ohne weiteres möglich, daß ein Ehepaar 40 bis 60 Jahre zusammenbleibt, und keine Seltenheit, daß beide Partner über 80 Jahre alt werden.

Viele Ehen wurden früher durch den Tod innerhalb von 10 bis 20 Jahren beendet. Auch heute enden viele innerhalb dieser Zeit, jedoch durch Scheidung. Indessen sind nach 20 Jahren Ehe heute wahrscheinlich mehr Ehepartner noch zusammen als vor 200 Jahren. Vielleicht ist es nicht verwunderlich, daß so viele Ehen geschieden werden, sondern ganz im Gegenteil verwunderlich, daß es nicht mehr sind.

Weiter: Ehen, bei denen der eine oder der andere oder beide Ehepartner über 65 Jahre alt sind, werden immer häufiger, gleichgültig, ob es sich nun um die erste, zweite oder dritte Ehe handelt. Der Prozentsatz der älteren Ehepaare wächst. Fast alles, was über die Ehe geschrieben wird, bezieht sich aber auf Eheleute bis ungefähr 60 oder 65 Jahre. Die letzten 20 Jahre des Zusammenlebens – von 60/65 bis 80/85 – werden mehr oder weniger ignoriert.

Die Häufigkeit von Ehen mit Partnern im letzten Drittel ihres Lebens ist ein neues Phänomen. Die Frage stellt sich nun: Was unterscheidet sie von Ehen jüngerer Paare, inwiefern sind sie anders?

Die Individuation spielt sich nach dem 60. Lebensjahr anders ab. Dies führt zu interessanten Phänomenen. Zur Zeit soll es zum Beispiel in Kalifornien in bestimmten Kreisen Mode sein, sich nach 60 Jahren zu scheiden, um sich mit einem jüngeren Partner (einer Partnerin) zu binden. Dieses Sicheinlassen mit einem jüngeren

Partner (einer Partnerin) wäre ein Symbol eines Neubeginns, einer neuen Art von Individuation und ist als solches wichtig zu nehmen: Man nähert sich dem Tode – oder man flüchtet sich davor durch Eingehen einer Partnerschaft mit einem oder einer Jüngeren. So glaubt man sich mit der Jugend zu verbinden, selber wieder jung zu werden und sich vom Tode zu entfernen. Was die um Jahrzehnte jüngeren Partnerinnen oder Partner von einer solchen Verbindung erhoffen, ist eine andere Frage – vielleicht eine Annäherung an den Tod, dem man zwar ausweicht, wenn er sich nähert, den man aber ersehnt, wenn er weit weg ist. Jugendliche sind oft todessüchtig, ältere Menschen lebenssüchtig.

Ich will in diesem Kapitel aber nicht Ausweichmanöver darstellen, sondern die psychologische Verfassung älterer Ehepaare.

In einem großen Teil Westeuropas und Nordamerikas leben die meisten älteren Ehepaare in wirtschaftlich erträglichen Verhältnissen. Viele haben eine adäquate Pension, sei sie staatlich, sei sie privat. Einige haben etwas auf die Seite gelegt, sehr vielen älteren Ehepaaren erlauben die wirtschaftlichen Verhältnisse eine gewisse materielle Freiheit; eine Minderheit lebt allerdings immer noch in großer Not und bewegt sich am Rande des Existenzminimums. Was beinahe so wichtig ist: Diese älteren Ehepaare sind fast immer nicht nur im finanziellen Sinne pensioniert, das berufliche Leben ist meistens wirklich vorbei, die Laufbahn abgeschlossen – mit oder ohne Erfolg. Die Schlacht um das berufliche und soziale Fortkommen ist geschlagen, die beruflichen Verpflichtungen sind zum größten Teil abgelegt. Auch die familiären Verpflichtungen als herausfordernde Last und Freude sind viel geringer als in jüngeren Jahren. In der Regel sind die Kinder erwachsen, selbständig und berufstätig und stellen keine oder weniger Ansprüche an die Eltern. Wir sehen also, daß die äußere Lage dieser Ehepaare eine ganz andere ist als diejenige der jüngeren. Jüngere Ehepaare haben berufliche und familiäre Ziele, Träume und Zwänge. Sie wollen materiell vorwärtskommen, sie wollen mehr verdienen, Karriere machen oder sich zumindest eine materielle und sozial befriedigende Stellung erringen. Sie müssen sich entscheiden, wie viele Kinder sie allenfalls auf die Welt setzen wollen, wieviel diesen zu opfern ist usw. Die Erziehung und Betreuung der Kinder, ihre soziale Integration, ihre schulische und berufliche Laufbahn zwingen die Eltern zu großen Anstrengungen. Das ältere Ehepaar ist von allen diesen Anforderungen befreit.

Auch die Sexualität nimmt bei älteren Ehepaaren einen anderen Charakter an. Sie spielt bei den meisten immer noch eine sehr große Rolle und ist eine Quelle größter Befriedigung oder auch Frustration. Indessen verliert sie das Stürmisch-Unbändige.

Konkret gelebt drückt sie Beziehung aus, Freude am Leben und am Genuß. Ihre symbolische Bedeutung hat sich aber sozusagen vom konkreten Ausleben etwas getrennt, sich verselbständigt. Alte Menschen haben immer noch viele sexuelle Phantasien; viele sehr erotische Liebeslieder werden von älteren Menschen geschrieben, aber der Zwang oder die Kraft zum Ausleben der sexuellen Phantasien ist schwächer geworden, es erübrigt sich oft.

In den bisherigen Kapiteln meines Buches habe ich zu zeigen versucht, wie die heutige Ehe nur als Individuationsweg wirklich begriffen werden kann. Vom Standpunkt des Wohles aus ist die Ehe schwer verständlich. Das lebenslange Ringen mit dem Partner muß als intensiver Individuationsprozeß verstanden werden.

Der Charakter der Individuation ändert sich, wie bereits erwähnt, beim älteren Menschen und folglich auch beim älteren Ehepaar. Das Ringen mit der Seele des Partners, welches der Individuation ungemein förderlich ist, wird viel weniger intensiv. Man projiziert weniger auf den Partner – oder er wird eher akzeptiert, wie er ist. Eine Frau gibt es vielleicht auf, mit der chaotischen Unordentlichkeit des Mannes zu kämpfen – und er belehrt die Ehegattin nicht mehr über das Funktionieren des Autos, er läßt ihr das mechanische Nichtwissen. Ist dieses gegenseitige Akzeptieren nicht möglich, so ist heute oft eine Scheidung die Lösung und der Ausweg. Geht die Ehe weiter, so wird kaum mehr um eine Änderung seiner selbst oder des anderen gekämpft, höchstens vielleicht noch in ritualisierten Sticheleien.

Wie überall gibt es Ausnahmen, zum Beispiel Ehepaare, die sich bis zum Tode ohne Liebe quälen, sich gegenseitig ablehnen, ohne die Kraft zu haben, sich zu trennen, fruchtlos bis zum Ende glauben zusammenleben zu müssen aus Angst, die gewohnte bequeme Infrastruktur zu verlieren.

Die Ehe dient dem Wohl und dem Heil. Ich muß wiederholen: die reine Wohlfahrtsehe ist mir verdächtig – und doch: ist nicht vielleicht der Sinn der Ehen älterer Menschen viel mehr das Wohl als das Heil? Ist es vielleicht gerade jenes, welches der Ehe im letzten Drittel des Lebens den Stempel aufdrückt? Wird die Ehe im Alter von einer Individuationsmöglichkeit zu einer vorwiegend dem Wohl dienenden Institution?

Für das reine Wohl bieten sich in der älteren Ehe ganz ungeahnte Möglichkeiten. Die äußere Lage ist oft angenehm, der berufliche Kampf vorbei, die wirtschaftlichen Verhältnisse sind stabil, die familiären Verpflichtungen sehr klein, die sexuellen Stürme haben sich gelegt usw., man kann sich nun gemütlich dem Komfort widmen. Es ist beeindruckend, wie komfortabel und gemütlich viele ältere Paare leben und einander das Leben angenehm gestalten. Man organisiert den Tag genau so, wie es einem liegt. Man steht um 6 Uhr oder 9 Uhr auf, je nach Lust und Laune. Man widmet sich seinen Hobbys, pflegt sein Gärtchen, sofern man eines hat. Das ältere Paar kann in seinem Egoismus völlig aufgehen, es ist sogar frei, dort zu wohnen, wo es gerade möchte. In der Schweiz ziehen sich viele Leute ins Tessin oder sogar auf die Balearen zurück, da dort die Wetterverhältnisse besser sein sollen.

Der Individuationsprozeß tritt in den Hintergrund. Man pflegt sich, man hegt sich, man gönnt sich manches. Die dämonische Seite der Ehe scheint zu verblassen. Auf Prospekten von Versicherungen sieht man glückliche ältere Paare, die durch eine schöne Landschaft wandern – oft trägt der kräftige und gesunde Großvater seinen Enkel auf den Schultern. Ein sogenanntes sorgloses Alter wird versprochen. Die Flugzeuge, die Züge und Schiffe sind voll von diesen das Glück suchenden alten Paaren. Sie reisen durch die ganze Welt. Dem materiell weniger Begünstigten bieten zahlreiche staatliche und private Institutionen für das Alter Glück und Zufriedenheit bringende Unterhaltungen an, lustige Altersnachmittage, kurzweilige Altersausflüge, gesundes, fröhliches Altersturnen usw.

Und wieder taucht die Frage auf: Was ist im Alter aus der Individuationsehe geworden, wo bleibt das Heil?

Die Konstellation des älteren Ehepaares könnte geradezu als Antiindividuation erscheinen, derart steht das Wohl im Vordergrund. Es wird weder beruflich noch zwischenmenschlich wirklich gerungen. Sehr oft müssen sich diese älteren Ehepaare für nichts mehr einsetzen. Ausnahmen kommen vor: es gibt immer wieder solche, die Sorgen haben mit ihren Kindern, ihren Enkeln und die helfend einspringen müssen. Diese Paare werden aber oft bedauert, und man wünscht ihnen ein sorgenfreieres Leben.

Irgendwo muß es nun aber doch ein anderes Bild des alten Ehepaares geben, ein Bild, das nicht nur die auf das Wohl ausgerichtete Phäaken-Existenz ausdrückt, eines, das immer noch mit der Individuation verbunden ist. Es ist kaum möglich, daß eine Institution wie die Ehe, die derart mit der Individuation verbunden ist, sich nun plötzlich zu einer banalen Wohlfahrtsanstalt wandelt, ihren Individuationscharakter und ihre Individuationsmöglichkeiten völlig verliert. Oder anders gesagt: es ist schwer vorstellbar, daß bei älteren Ehepaaren nur noch der einzelne individuiert, aber das Paar als solches in dieser Hinsicht keine Funktion mehr hat, ihm keine Möglichkeiten mehr angeboten werden.

Nun haben mich merkwürdigerweise unangenehme Eigenschaften vieler alter Paare auf ein Bild hingewiesen, das der Individuation des Paares im letzten Drittel des Lebens entsprechen könnte. Viele alte Paare sind auffällig manipulierend, ziehen im Hintergrund die Fäden, bringen Kinder und Angeheiratete durcheinander, herrschen durch Mitleid erregende Schwächen und dergleichen mehr. Dieses »Herrschen aus einer inferioren Position heraus« kann aber als die negative, die Schattenseite des *Dienens* verstanden werden. Ist vielleicht das »alte Dienerehepaar« das Bild der Möglichkeit der Individuation älterer Paare? Die negativen, die Schattenseiten dieses Bildes sind uns so bekannt, treten uns bei alten Paaren so häufig entgegen, daß wir dazu neigen zu übersehen, daß jeder Archetyp viele Aspekte hat. Der Mutter-Archetyp erscheint beispielsweise als gefräßige, verschlingende Mutter und als hegende und pflegende. Der Archetyp des alten Dienerehepaares zeigt sich im hintergründigen Manipulieren und Zwietracht säen *und* im freundlichen Dienen und Helfen.

Das Symbol des Archetyps des älteren Ehepaares ist nicht ein Bild glücklicher Phäaken, sondern eines dienender Menschen. Das ältere Ehepaar, zum Teil befreit von wirtschaftlichen, beruflichen und familiären Sorgen, meist auch nicht mehr so sehr mit sich selber beschäftigt, kann seine Kräfte in den Dienst von anderen stellen. Sozusagen priviligiert sind hier ältere Paare, deren Kinder und Enkel der Hilfe bedürfen, deren Nachbarn froh sind um sie usw. Für die Individuationsentwicklung des älteren Paares ist es nicht unbedingt nötig, sorgfältig die Herbstferien in Spanien zu planen, sondern bereit zu sein, überall einzuspringen, zu dienen, wo Hilfe und Unterstützung gewünscht wird.

In Zeitungsartikeln wird uns beschrieben, wie im bolschewistischen Rußland der Staat und die Gesellschaft nur funktionieren können, weil die Großeltern die Kinder hüten – beide Eltern sollen in diesem Lande berufstätig sein. Ob diese Großeltern tatsächlich immer so hilfreich sind und wie die Situation wirklich ist, weiß ich nicht. Urteile über fremde Länder basieren ja meistens nicht auf Kenntnissen, sondern auf Projektionen, die sehr oft durch Reisen bestätigt werden. Man sieht in fernen Ländern und bei andern Völkern die Bilder, die man in sich trägt.

Die Individuation des alten Paares spielt sich zum Teil im Dienen ab. Als Dienerpaar gehört es in den Hintergrund. Was heißt das praktisch? Bei Einladungen zum Beispiel, handle es sich bei den Eingeladenen um Familienmitglieder oder Bekannte, geht es mehr darum zuzuhören und zu fragen, vielleicht hie und da etwas zu erzählen, falls es gewünscht wird, aber es geht nicht darum zu glauben, man müsse noch immer überall ankommen und mit Ratschlägen brillieren. Sicher, was ich hier darstelle, ist ein Idealbild – es ist klar, daß das alte Paar sich immer wieder dabei ertappt, wie es sich ins Zentrum setzt durch lange Erzählungen aus dem eigenen Leben und ungefragte Anweisungen, wie man etwas anpacken soll. Alte Paare haben Zeit, Einladungen zu organisieren – aber nicht mit dem Ziel, für sich etwas zu erreichen, sondern um den Eingeladenen, der Familie, den Bekannten und Freunden zu *dienen*. Die meisten Menschen haben ein großes Bedürfnis zu reden, von sich, ihren Leiden und Freuden zu erzählen. Auch hier kann das alte Paar dienen, es hat Zeit; einem Paar, einem Mann und einer Frau, sein Leid zu klagen und Freude mitzuteilen ist sehr fruchtbar, man kommt so in den Genuß einer differenzierten Reaktion, einer männlichen und einer weiblichen Antwort.

Sehr viele alte Paare nehmen jedoch an, junge Leute müßten ihnen dienen. Doch haben die jüngeren Paare ihre eigenen Probleme, und es ist deshalb schwierig für sie, die Bedürfnisse der älteren Paare auch nur zusehen. »Nach all dem, was wir getan haben, kann man auch einmal etwas für uns tun«, meinen diese. Sie laden dann nicht ein, sie verlangen, eingeladen zu werden – und da ihnen die Hinfahrt zu mühsam ist, muß man sie erst noch mit dem Auto abholen.

Dienen ist nicht des Weibes, sondern des alten Paares erste Pflicht. Doch Dienen ist heute in Verruf geraten. Selbstverwirklichung ist das Entscheidende, Selbstentfaltung – wobei vielleicht in diesen Schlagwörtern auch das Dienen enthalten sein könnte. Es heißt nicht *Ich*-Verwirklichung, sondern *Selbst*-Verwirklichung. Das Selbst steht aber nach C.G. Jung in einem gewissen Gegensatz zum Ich. Das Selbst ist der göttliche Funke in uns; Selbst-Verwirklichung würde also heißen, den göttlichen Funken am Leben zu erhalten. Wenn man aber von Gott spricht, kommt sofort die Frage: wie kann man Gott dienen?

Das junge Paar individuiert, indem die beiden Seelen miteinanderringen und sich so immer tiefer kennenlernen. Die jungen oder »mittelalterlichen« Ehepaare ringen aber nicht nur mit sich und vertiefen so ihre Beziehung, sie ringen mit den Kindern, den beruflichen Aufgaben, den sozialen Verpflichtungen usw. Das ältere Paar individuiert nicht mehr so sehr durch Ringen und Kämpfen mit sich und der Welt als durch Dienen.

Ich bin zwar von den Schattenseiten des Archetyps des Dienens zum Bild des dienenden alten Ehepaares gekommen. Dennoch könnten sich jetzt sentimentale Mißverständnisse einschleichen. Immer aufs neue habe ich in diesem Buch betont, wie wichtig in der Individuation, im Ringen um das Heil, die Konfrontation ist mit dem Unheimlichen, dem Dämonischen, dem Schrecklichen in uns, um uns, in der Welt. Nicht um die Überwindung des Schrecklichen geht es in der Individuation, sondern u.a. um das Erlebnis des Furchtbaren, des Vernichtenden.

Wo bleibt all dies im Bild des Dienens, des alten Dienerehepaares? Dieses liebe alte dienende Paar scheint doch weit weg von der Dämonie und Destruktivität, des Schattens des Seins zu sein. Wenn schon, zeigt sich der Schatten nur der Umgebung, als das erwähnte hintergründige Manipulieren. Oder doch nicht? Es ist durchaus verständlich, daß heute Dienen nicht mehr »in« ist. Wenige wollen – außer von wirtschaftlicher Not getrieben – Dienstmädchen oder Diener sein. Dienende Berufe werden von Fremdarbeitern und Fremdarbeiterinnen übernommen. Dienen enthält eben in sich Erniedrigung, Verhöhnung und Vernichtung. Dienende Menschen werden, da sie keine Macht besitzen, ungerecht behandelt, nicht geschätzt, ausgenützt, um ihre Belohnung gebracht. Dem Schrekken dieser Vernichtung setzt sich das alte Dienerehepaar aus – wahrhaft eine Konfrontation mit dem Schrecken des Seins.

Eine ältere, altmodisch gekleidete Großtante und ihr etwas kränklicher und vergeßlicher Mann übernahmen, als ich im Grundschulalter war, für lange Zeit die Betreuung von uns Kindern am Mittwochnachmittag. Sie waren gütig und lieb und brachten uns jedesmal einen Schokoladenkuchen. Doch hatten sie keinerlei Autorität über uns, sie straften nicht. Und eines Tages empfingen wir sie auf der Straße mit Nachbarkindern und riefen ihnen zu: »Tummi Affe, blödi Affe!« Ihren traurigen und erschreckten Blick vergesse ich nie wieder. Sie hatten den Schrecken der Vernichtung erlebt. Solchen Erlebnissen setzt sich das dienende alte Ehepaar aus. »Vielfältig ist das Unheimliche, doch nichts ist unheimlicher als der Mensch«, singt der Chor in Sophokles' »Antigone«. Eine weitere Frage wird dem Leser auftauchen: Was, wenn weder Kinder noch Enkel, noch irgend jemand da ist, dem man dienen kann? Dem ist zu entgegnen: Man muß selten weit suchen, um Möglichkeiten zum Dienen zu finden. Ich kenne zum Beispiel ein älteres Paar, das regelmäßig Schauspieler einlädt, die in der Stadt ein Gastspiel geben.

Ich höre weitere Einwände: auch das dienende ältere Ehepaar

weicht einer Bedrohung aus, nämlich dem Gespenst des »Nicht-mehr-gebraucht-Werdens«, der völligen Nutzlosigkeit der eigenen Existenz, der Überflüssigkeit. Dieser Einwand hat etwas Richtiges. Ganz am Schluß geht es bei dem alten Paar oft darum, seine soziale Überflüssigkeit anzunehmen. Hat dieses alte, vielleicht kranke, unnütze Paar aber einen Individuationsweg hinter sich – ein gewisses Verhältnis zu Gott, würden religiöse Menschen sagen –, so strahlt es immer noch etwas Wichtiges aus. Nun muß ich doch einige Einschränkungen zu meinen Ausführungen anbringen, um Mißverständnisse zu vermeiden. Das Wohl ist an sich etwas Herrliches – wir möchten es nicht missen. Jedes Paar, das wohlig leben kann, soll Gott dafür danken. Das Wohl wird nur dann zu einer Bedrohung unserer seelischen Entwicklung, wenn es zum alleinigen Inhalt und Ziel des Lebens wird. Ich möchte sogar vermuten: ein Paar, dessen Wohlfahrt gesichert ist, hat es leichter, sich auch dem Heil zu widmen, hat es leichter, zum Beispiel das dienende Ehepaar zu leben. Auch ist es sicher für die Individuation des alten Paares wichtig, auf fröhliche, ja geradezu ausgelassene Art und Weise das Leben zu genießen; eine gewisse Narrenfreiheit ist nun möglich, da in der Regel die sozialen Verpflichtungen und Zwänge weniger zahlreich sind. Das Privileg des Alters ist nicht die Weisheit, sondern die närrische Unbeschwertheit.

Und weiter: So verschieden die Menschen sind, so verschieden sind Paare. Die Bedrohung durch das Wohl ist nicht bei allen älteren Paaren gleich groß. Wenn zum Beispiel einer oder beide Ehepartner bis ins hohe Alter eine Berufung erfüllen müssen, etwa als Künstler oder auch als besonders Begabte und Begehrte in irgendeinem Beruf, so ändert dies vieles. Dann ringen er oder sie oder beide bis zum Tode, und das alte dienende Ehepaar spielt eine kleinere Rolle. Aber auch bei diesem Paar wird die Beziehung im Alter anders. Interne Kämpfe werden weniger wichtig, sind auch für die Individuation nicht mehr so entscheidend.

Viele ältere Paare wagen es nicht recht, ihre internen Beziehungen neu zu gestalten. Zum Beispiel muß ein älteres Paar nicht ununterbrochen zusammen sein. Es gibt nichts Langweiligeres als alte

Paare, die glauben, immer alles zusammen tun zu müssen. Da das Ringen miteinander nicht mehr derart wichtig ist, können alte Ehepaare viel mehr als jüngere ein ziemlich unabhängiges Leben führen – die Frau besucht eine Cousine in Basel, der Mann ist einige Tage bei einem Schulkollegen zu Gast. Sie besucht eine Gemäldeausstellung, welche den Mann eher langweilt, und er betätigt sich in einem Investmentclub. Jeder soll ruhig seinen Interessen und Vergnügungen nachgehen – nicht nur als Paar, sondern auch einzeln. Sofern die beiden aber als Paar funktionieren, ist das alte Dienerehepaar das Bild des Heils, der Individuation.

Auch bei materiellem Komfort ist das Wohl selbstverständlich immer bedroht, gelangt das Paar gelegentlich an die Grenze seiner seelischen Entwicklungsmöglichkeiten. Ich rede hier von Krankheit und Invalidität. Früher oder später befällt den einen oder den anderen Partner oder beide eine Krankheit, ein Leiden, oft chronischer Art. Hier kann es sozusagen zu einer umgekehrten Wohlfahrtsehe kommen. Der leidende, kranke Ehepartner zieht den anderen voll in sein Elend herein – oder wenn beide krank sind, jammern sie sich ständig alle ihre Gebrechen vor. Dies ist ein dauerndes Klagen um das fehlende, das beeinträchtigte Wohl – und das Wohl steht so wieder im Zentrum, als fehlendes Gut, um das das unzufriedene, mißvergnügte Paar jammernd kreist. Ein mir bekanntes Ehepaar faßte den Beschluß, jeden Tag sich 20 Minuten zu gönnen, um über die verschiedenen Gebrechen und Leiden zu klagen, nachher aber nicht mehr darüber zu reden. Fürwahr ein weiser Entschluß.

Nochmals: Eine Ehe ist meines Erachtens nur erhaltenswert, wenn sie nicht nur dem Wohl, sondern auch dem Heil dient, der Individuation. Wie das geschieht, verändert sich im Laufe der Jahre – das jüngere Paar ringt mit sich, mit der Welt, der Sexualität, setzt sich wild auseinander. Das alte Ehepaar wird – so Gott will – zum Dienerehepaar, falls das Heil weiter gesucht wird.

Was ich über das alte Paar schreibe, ist bereits in der antiken Mythologie vorgezeichnet. Ich komme auf die Geschichte von Philemon und Baukis zurück. Zeus und Hermes wandelten verkleidet auf der Erde, und in ungezählten Häusern wurde ihnen die

Gastfreundschaft verweigert. Schließlich gelangten sie zu einer älteren Hütte, in der Philemon und Baukis lebten. Das alte Paar nahm die Fremden auf und bewirtete sie freundlich. Wir stoßen also auf das alte Dienerehepaar. Durch Dienen verehrte dieses Paar – ohne es zu wissen – die Götter. Aber die Geschichte geht weiter. Die beiden Götter gaben sich zu erkennen. Sie führten Philemon und Baukis auf einen Hügel; die ganze Gegend wurde überschwemmt, die baufällige Hütte aber war zum Tempel geworden. Zeus versprach, den bei den jeden Wunsch zu erfüllen. Sie wünschten sich nur, den Rest ihres Lebens als Hüter des Tempels verbringen zu dürfen und zusammen zu sterben. Der Wunsch wurde ihnen erfüllt. Sie verbrachten die letzten Lebensjahre als Hüter des Heils.

Dank

Ich möchte vor allem meiner Familie danken, ohne deren Hilfe das Buch nie geschrieben worden wäre.

Mein Dank gilt auch Paul Bellasi und Andreas Bellasi, die mir in der Formulierung entscheidend halfen.